DOSBARTH NOS 1-20

(Fersiwn y De/South Version)

FERSIWN NEWYDD

HELEN PROSSER A NIA PARRY

Argraffwyd gan Gwmni Argraffu Hackman Cyf., Tonypandy, Rhondda Cynon Taf

Diolch yn fawr i'r canlynol am eu cymorth

Cysodi: Lowri Morgan
Dylunio ac Arlunio: Corrie Chiswell

UNED IAITH GENEDLAETHOL CYMRU
CBAC

CYFLWYNIAD / INTRODUCTION

Croeso i 'Dosbarth Nos'. Welcome to 'Dosbarth Nos'. This course has been designed for those learners in classes that meet once or twice a week in South Wales. (A North Wales version is also available).

Each of the twenty units has been divided into two sections – work that you will do in class with your tutor and a homework section. The homework section will help you revise between lessons. To ensure further revision and get the best out of the course you should purchase the accompanying cassette. The cassette goes over the new sentence patterns introduced in each unit.

Learning Welsh is a lot of fun but at the same time demands commitment. Wherever you live in Wales, there are opportunities to hear, watch, read and speak Welsh outside your Welsh class. There are day schools and weekend courses, a magazine for Welsh learners, television and radio programmes and Welsh speakers with whom you can get plenty of practice.

If you would like further information on any of the above, then contact:

Siop Lyfrau CBAC, 245 Rhodfa'r Gorllewin, CAERDYDD. CF5 2YX

Ffôn: 029 2026 5063
029 2026 5112

Ffacs: 029 2057 5987

Pob lwc! Good luck!

Medi 1999

Nodyn i'r tiwtor

Mae Awgrymiadau a Chyfarwyddiadau i gyd-fynd â'r llyfr hwn ar gael o Siop Lyfrau CBAC.

ISBN: 1 86085 414 1

UNED UN

CYFARCH - *GREETING*

A. *Introductions*

Pwy dych chi?

COFRESTR / *REGISTER*

Enw'r ganolfan ydy ....
(*The name of the centre is ......)*
Mae'r dosbarth yn cyfarfod bob ....
....

1. ....
2. ....
3. ....
4. ....
5. ....
6. ....
7. ....
8. ....
9. ....
10. ....
11. ....
12. ....
13. ....
14. ....
15. ....

B. Cyfarchion / *Greetings*

Bore da

P'nawn da

Noswaith dda

Gyda'ch partner work out the correct greeting for the following times of the day. This is an oral excersise.

10.00 a.m.	1.00 p.m. ....
2.00 p.m.	8.00 p.m. ....
7.30 p.m.	9.00 a.m. ....
3.00 p.m.	6.00 p.m. ....
7.00 p.m.	11.00 a.m. ....

C. *Asking How Somebody Is*

If (Pwy) (dych chi) ?

means Who are you?

and (Sut) ?

means How?

(**How**) (**are you**)

__________ __________ ?

⇨ Shwd
Sut dych chi?

- older ffrind
- elders
- stranger
- respect
- grŵp

⇨ Sut wyt ti ?

- know well
- cariad ❤
- ffrind
- same age
- child
- husband
- wife

Da iawn, diolch

Wedi blino

Iawn

Ofnadwy

Fill in the blanks:

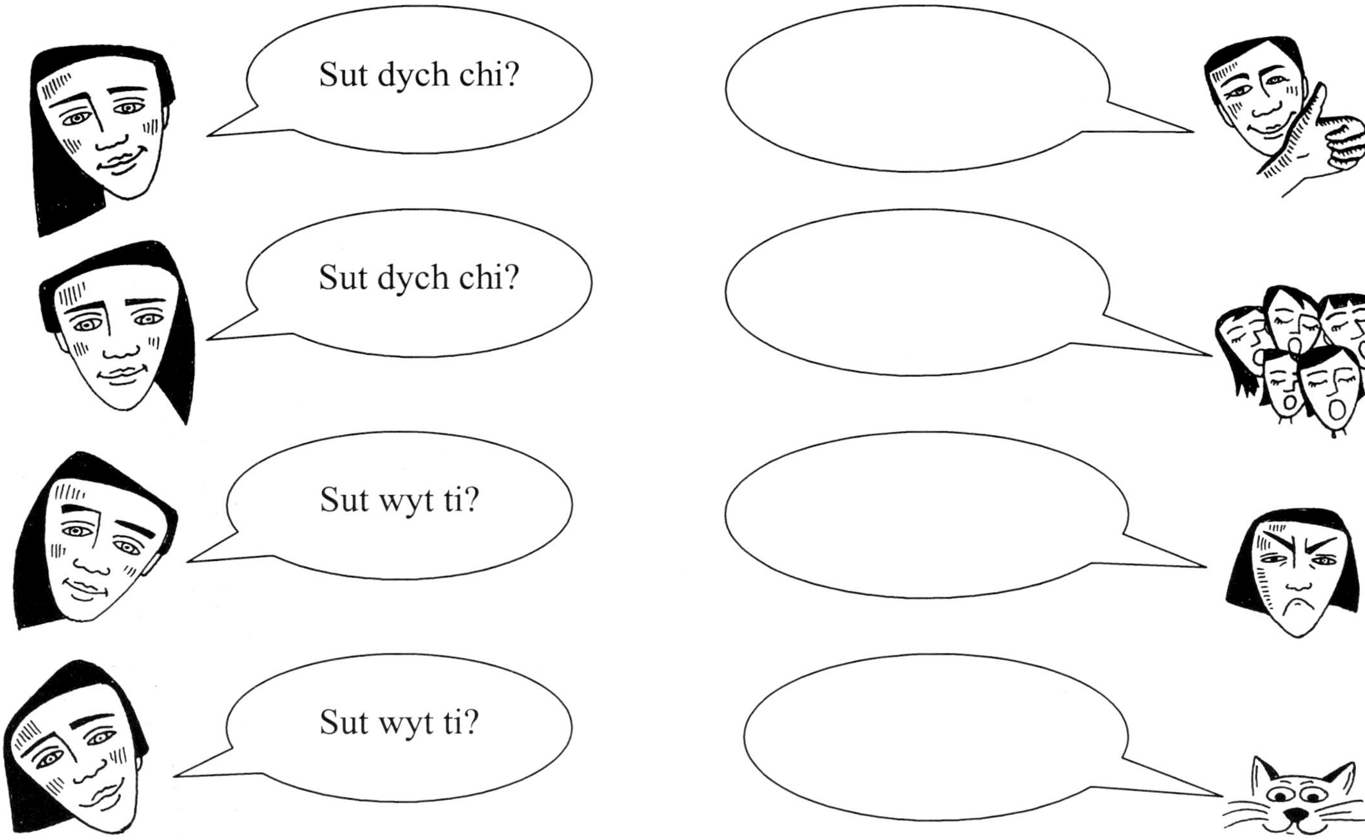

CH. Y Tywydd / *Weather*

'It' doesn't exist *yn Gymraeg*, everything is 'he' or 'she'.
The weather (*tywydd*) is feminine

To ask what the (*tywydd*) is like we say

How → ……………… | is the → mae'r | weather → ……………?

Mae hi'n braf 

Mae hi'n wyntog 

Mae hi'n bwrw glaw 

Mae hi'n dwym 

Mae hi'n ddiflas (*miserable*) 

Mae hi'n stormus 

Mae hi'n bwrw eira 

Mae hi'n oer 

Gêm fwrdd

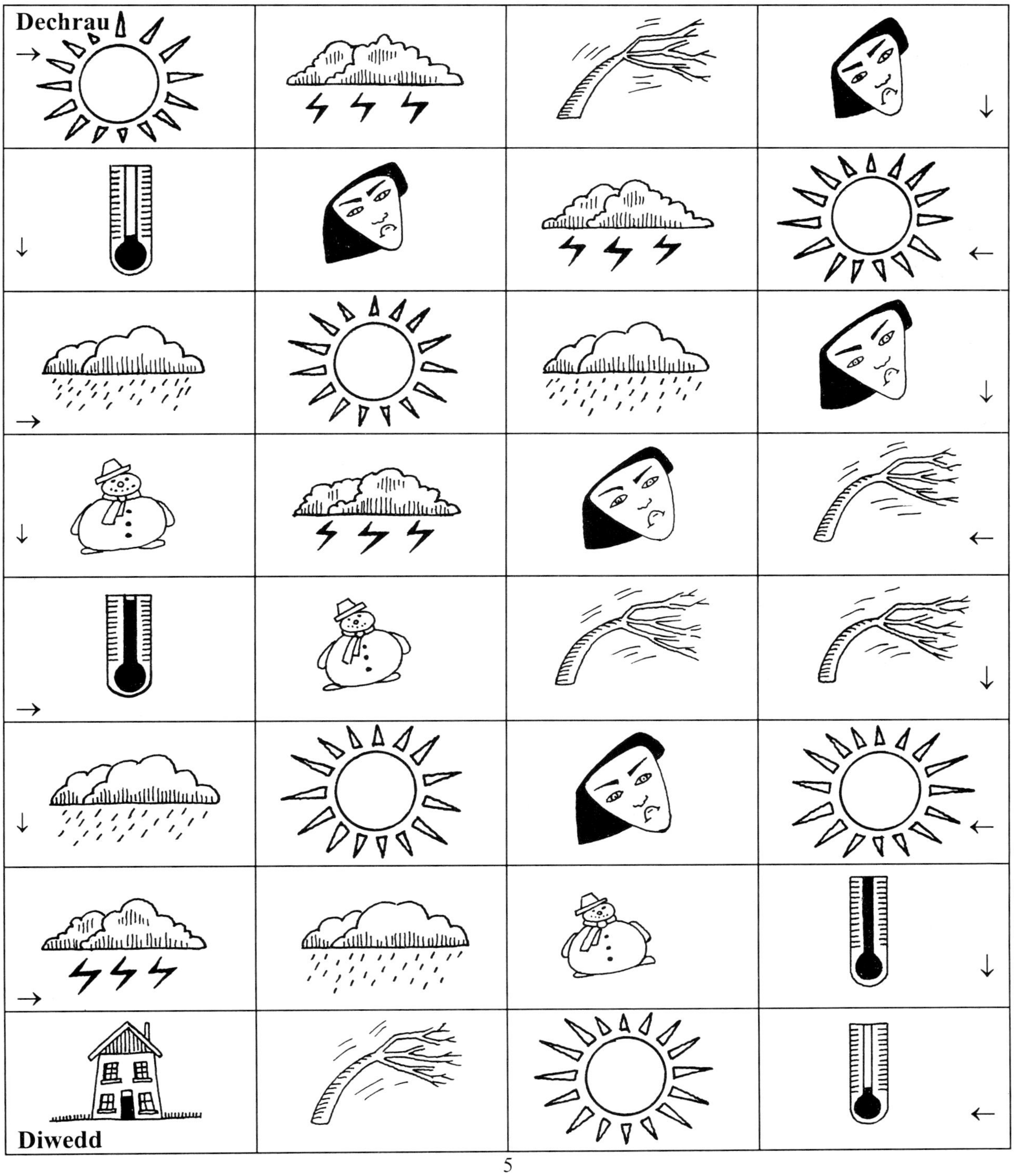

 Mae hi'n braf  Ydy ✓ (Yes it is)

D. Deialog

Gyda'ch partner, change the *deialog* by varying the underlined phrases. Use the following to do this:

a)	3.00p.m.	+		+	
b)	6.00a.m.	+		+	
c)	8.00p.m.	+		+	
ch)	2.00p.m.	+		+	
d)	11.30a.m.	+		+	
dd)	6.00p.m.	+		+	

A: <u>Noswaith dda</u>

B: Sut dych chi?

A: <u>Da iawn, diolch</u> - A chi? (*And you?*)

B: Iawn

A: Sut mae'r tywydd?

B: <u>Mae hi'n braf</u>

A: Ydy

NOS DA!

HWYL!

RECAP

1. Dych chi wedi dysgu / *You have learnt*:

   1) *Greetings* - Shwmae, Bore da, P'nawn da, Noswaith dda

   2) *Introductions* - Pwy dych chi? Siân dw i

   3) Sut dych chi/wyt ti?

   4) Sut mae'r tywydd?

   5) *Phrases to describe* y tywydd - Mae hi'n braf

2. **Geirfa / *Vocabulary***

pwy	-	*who?*	braf	-	*fine*
sut	-	*how?*	da	-	*good*
tywydd	-	*weather*	oer	-	*cold*
bore	-	*morning*	stormus	-	*stormy*
diolch	-	*thank you*			

UNED UN

HELP YOURSELF - GARTRE

1. **Which of the following would you use at the times of day? Bore da, p'nawn da, noswaith dda?**

10am	…………………………	8pm	…………………………
2pm	…………………………	1pm	…………………………
11am	…………………………	6pm	…………………………
3pm	…………………………	11am	…………………………
7.30am	…………………………	9am	…………………………

2. ***Sut* would you ask the following '*how are you*?'**

babi — Sut ……………………………?

grŵp of people — Sut ……………………………?

stranger — ………………………………….

cath — …………………………………?

ffrind of the same age — …………………………………?

3. **Dych chi'n cofio? (*remember*)**

Bore ………

………… dda

Pwy ………………… chi?

Da …………………, diolch

Sut ………………… ti?

………… ………….. oer.

Dafydd ……………….. i

Sut dych ……………….?

4. **Sut mae'r tywydd?**

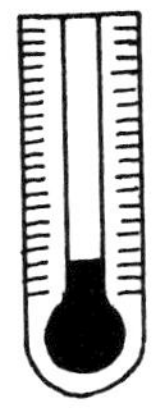

5. **Note *pump* useful words/phrases from this *uned*.**

1. un
2. dau
3. tri
4. pedwar
5. pump

UNED DAU

HOFFI
EXPRESSING A LIKE

A. Rhifo / *Counting*

dim	-	0	**chwech**	-	6
un	-	1	**saith**	-	7
dau	-	2	**wyth**	-	8
tri	-	3	**naw**	-	9
pedwar	-	4	**deg**	-	10
pump	-	5			

B. Adolygu / *Revision*

Y DECHRAU	Ask a young child how he is		Say 'Good Afternoon'	Say 'It's miserable'
Say 'Good Morning'		Ask 'Who are you?'	Say 'It's fine'	
Say 'Good-bye'	Say 'Very well'		Say 'Good-bye'	Say 'Good night'
Ask a pet how it is	Ask your boss how s/he is	Say 'It's cold'		
Say 'Hiya!'	Say 'Good evening'	Say 'Very well, thanks'	Say 'Good morning'	Say 'It's fine'
Say 'It's miserable'	Say 'Good night'		Ask a group how they are	
Say 'Good-bye'	Ask 'Who are you?'	Say 'Good-bye'	Say 'It's cold'	Y DIWEDD

C. Mynegi Hoffter / *Expressing a Like*

Dw i'n hoffi lasagne
Dw i'n hoffi lager
Dw i'n hoffi Caerdydd
Dw i'n hoffi Coronation Street

I like ……

Dych chi'n hoffi lasagne?
Dych chi'n hoffi lager?
Wyt ti'n hoffi Caerdydd?
Wyt ti'n hoffi Coronation Street?

Do you like …….?	
Ydw, Nac ydw	
Ydw, Nac ydw	
Ydw, Nac ydw	

Gyda'ch partner, pick out *tri* of the following television programmes and say that you like them:

- Coronation Street
- Pobl y Cwm
- This is Your Life
- Neighbours
- Grandstand
- Top of the Pops
- Newsnight
- Spitting Image
- Eastenders
- Talkabout
- Songs of Praise
- World in Action

Jot down which *tri* you like:

____

____

Now using the questionnaire below, ask your partner whether they like the places and sports listed on the left hand side. Remember, the answer is **Ydw** or **Nac ydw**.

	✓	✗
Caerdydd		
America		
Awstralia		
Paris		
Rygbi		
Badmington		
Dartiau		
Hoci		

CH. Dw i ddim yn hoffi / *I don't like*

Dw i ddim yn hoffi wisgi

Dw i ddim yn hoffi cyrri

Dw i ddim yn hoffi rygbi

Dw i ddim yn hoffi siopa

Gyda'ch partner, pick out *tri* of the following and say that you don't like them:

lager		bananas	
wisgi		salad	
coke		coffi	
pasta		pwdin reis	
cwstard		tost	
cyrri		siocled	

D. *Nawr* that you can say 'Dw i'n hoffi', you can easily say many other things

Dw i'n

hoffi
siopa
parcio
teipio
seiclo
smocio
bwyta (*eat*)
yfed (*drink*)
darllen (*read*)

Dd. Y Cwestiwn

Dych chi'n teipio? Wyt ti'n teipio?

✓ Ydw, dw i'n teipio

✗ Nac ydw, dw i ddim yn teipio

Gofynnwch gwestiynau i'ch partner (*Ask your partner questions*):

	✓	✗
teipio seiclo smocio bwyta cyrri yfed fodca darllen y Western Mail		

E. Deialog

A: Bore da

B: Sut dych chi

A: Iawn. A chi?

B: Dw i wedi blino heddiw.

A: Coffi?

B: Diolch. Dw i'n hoffi coffi yn y bore

A: Sigaret?

B: Dim diolch. Dw i ddim yn smocio

RECAP

1. **Dych chi wedi dysgu / *You have learnt*:**

1) Rhifo / *counting* 0 - 10

2) *Likes*: Dw i'n hoffi ....

3) Cwestiwn: Dych chi'n hoffi?/Wyt ti'n hoffi? Ydw/Nac ydw

4) *Dislikes*: Dw i ddim yn hoffi

5) Dw i'n siopa, darllen etc.

2. **Geirfa / Vocabulary**

tost	-	*toast*	bwyta	-	*to eat*
siocled	-	*chocolate*	yfed	-	*to drink*
hoffi	-	*to like*	darllen	-	*to read*
siopa	-	*to shop*			

UNED DAU - *HELP YOURSELF* - GARTRE

1. Dych chi'n cofio? / *Do you remember?*

Fill in the gaps in the following phrases:

Un, ..., tri

Dw i .... yn smocio

................, wyth, naw

Ble .... chi'n byw?

.... chi'n hoffi Pobl y Cwm?

Pedwar, pump, ...

.... ti'n seiclo?

2. Cwestiwn ac ateb / *Question and Answer*

Match up the questions on the *chwith* (left) with the likely answers on the *dde* (right). Then copy the couples into the table provided on the next page.

Dych chi'n hoffi teipio?	Mae hi'n braf
Sut mae'r tywydd?	Da iawn, diolch
Sut dych chi?	Nac ydw
Mae hi'n oer	Ydy
Dych chi ddim yn smocio?	Ydw

Cwestiwn 	**Ateb** 
....	....
....	....
....	....
....	....
....	....

3. Cwestiwn ac Ateb - eto (*again*)

This time *dych chi'n* answer the *cwestiwn*.

Pwy dych chi? ....

Sut dych chi? ....

Dych chi'n hoffi siopa? ....

Dych chi'n hoffi Top of the Pops? ....

Dych chi'n hoffi'r Beatles? ....

Dych chi'n teipio? ....

Dych chi'n siopa yn TESCO? ....

Dych chi'n smocio? ....

Dych chi'n yfed wisgi? ....

4. **Note *pump* useful words/phrases from this *uned.***

un ________________________________

dau ________________________________

tri ________________________________

pedwar ________________________________

pump ________________________________

UNED 3

BLE DYCH CHI'N BYW?
WHERE DO YOU LIVE?

A. Dw i'n (byw) yn ....

byw → to live

Abertawe (Swansea) Aberystwyth

Llantrisant Lloegr (ENGLAND)

Llanelli

With some place names we put y/yr (*the*) in front.

Y Barri 

Y Bont-faen 
cow bridge

Y Caribî 

Yr Alban 
Scotland

Yr Eidal 
ITALY

a e i o u <u>w</u> <u>y</u>

↘

Cofiwch! More vowels (*yn Gymraeg*)!!

yr + vowel

Sut mae dweud?

I live in England ....

I live in Italy ....

I live in Swansea ....

B. Y Treiglad Trwynol / *The Nasal Mutation* (ouch!)

There is sometimes a letter change (mutation) after the word 'yn' which means 'in'

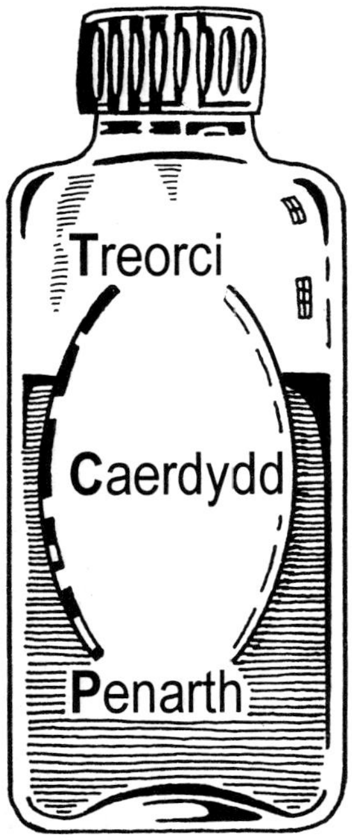

Bargoed

Garnant

Dolgellau

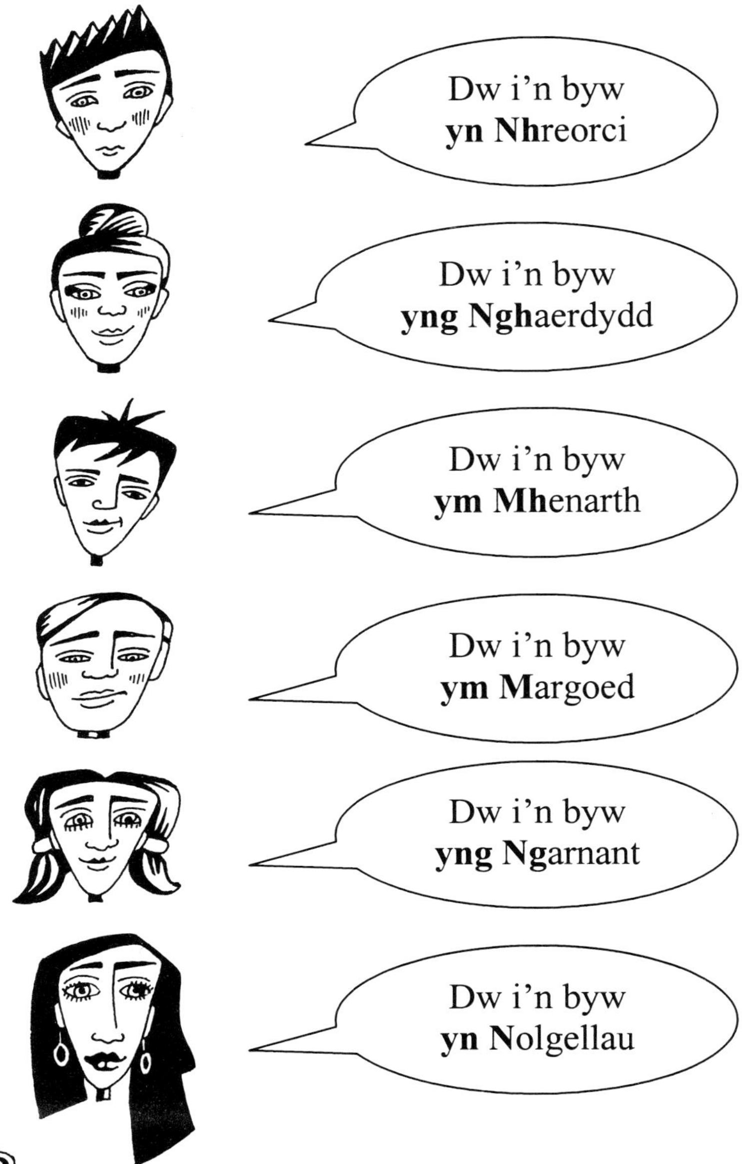

!remember!

Cofiwch

T	→	Nh
C	→	Ngh
P	→	Mh
Blinkin	→	M
Good	→	Ng
Disinfectant	→	N

Same pattern but drop the 'h'

Sut mae dweud?

I live in Treorci	____________	I live in Dolgellau	____________
I live in Treherbert	____________	I live in Dinas Powys	____________
I live in Caerdydd	____________	I live in Garnant	____________
I live in Caerfyrddin	____________	I live in Gwynedd	____________
I live in Penarth	____________	I live in Bangor	____________
I live in Pontypridd	____________	I live in Bargoed	____________

C. **Dych chi'n cofio**? (*remember*)

I like - ____________

to live/living - ____________

in - ____________

Italy - ____________

Translate the following:

I like living in Scotland ____________

I like living in Caerdydd * 

____

I like shopping in Bangor * B G D ____________

I don't like living in Caerffili * 

____

I don't like living in Garnant * B G D ____________

Do you like living in The Carribean? ____________

Do you like living in England? ____________

Ch: Atebwch / ***Answer***

Ble	dych chi'n	byw?	
↓	↓	↓	_ _ _ _ _ _ _ _ _ _
Where	do you	live ?	_ _ _ _ _ _ _ _ _ _

Dych chi'n hoffi byw yna (*there*) ? _ _ _ _ _ _ _ _ _ _ _ _ _ _ _

PAM?

✓ YDW		✖ NAC YDW NÁ DO
Mae'n gyfleus (convenient) →	opposites	**Mae'n anghyfleus** in convenient
Mae'n bert (pretty) →		**Mae'n hyll** (ugly) Salu
Mae'n lân (clean) →		**Mae'n frwnt**

D. If Pam? ↓ means Why?

USE YOUR BLOCKS TO BUILD YOUR OWN SENTENCES

Why	do you	like	living	in......	?

Sut mae dweud: ________ ________ ________ ________ ________
How do we say:

RE CAP

1. **Dych chi wedi dysgu / *You have learnt*:**

1) Dw i'n byw yn Yr Alban, etc
2) Dw i'n byw yn

T	yn Nhreorci
C	yng Nghaerdydd
P	ym Mhenarth
B	ym Margoed
G	yng Ngarnant
D	yn Nolgellau

3) Dw i'n hoffi byw yn ....
   siopa
   seiclo
4) Dw i ddim yn hoffi byw yn ....
   siopa
   seiclo
5) Pam? Mae'n bert, etc. . . .

2. **Geirfa / Vocabulary**

Lloegr	-	*England*	Yr Eidal	-	*Italy*
pam	-	*why?*	ble	-	*where?*
Yr Alban	-	*Scotland*	yn	-	*in*
byw	-	*to live*			

UNED TRI - *HELP YOURSELF* - GARTRE

1. Dych chi'n cofio?

Dw i'n ______________ yn Abertawe

Dw i'n _____________ yn Tesco

Dych chi'n ___________ byw yng Nghaerdydd?

Dw i ________ yn hoffi seiclo ym Mhowys

__________ dych chi'n hoffi ______________ yn Nhreorci?

2. Cyfieithwch / *Translate*

> __________________________________ (in Treorchy)

> __________________________________ (in Cardiff)

> __________________________________ (in Penarth)

Blinking > __________________________________ (in Bargoed)

Good > __________________________________ (in Garnant)

Disinfectant > __________________________________ (in Dolgellau)

3. Cwestiwn ac Ateb / *Question and Answer*

Match up the *cwestiynau ar y chwith* with the likely *atebion ar y dde.*

Dych chi'n hoffi byw ym Margoed?	Mae'n bert
Pam dych chi'n hoffi byw yng Nghaerdydd?	Ydw, mae'n gyfleus
Ble dych chi'n byw?	Nac ydw, mae'n hyll
Dych chi'n hoffi byw yng Nghaerffili?	Dw i'n byw ym Mhenarth

4. Atebwch / *Answer*

Ble dych chi'n byw? --

Dych chi'n hoffi byw yna (*there*)? ------------------------------------

Pam? --

Ble dych chi'n siopa? ---

Dych chi'n hoffi seiclo? --

5. ***Nodwch bump*** **useful words/phrases from this** ***uned*****.**

un ______________________________

dau ______________________________

tri ______________________________

pedwar ______________________________

pump ______________________________

UNED PEDWAR
GWAITH - *WORK*

A. **Adolygu / *Revision***

Holiadur / *Questionnaire*. Collect data from the *pobl* in your *dosbarth*. Record your answers *yn Gymraeg*.

Enw?	**Byw?**	**Hoffi byw yna?**	**Pam?**

→ Now tell your *tiwtor* where *dau* of your classmates live.

B. **Gweithio / *To work***

If gweithio → to work

Sut mae dweud? → I ↓ ______ work ↓ ______ in ↓ ______ Cardiff ↓ ______

How do we say?

Sut mae dweud? I ↓ ______ like ↓ ______ working ↓ ______ in ↓ ______ Bargoed ↓ ______

Cofiwch

Build those blocks

1) Dw i'n gweithio **mewn** . . . . (in a / an)

2) Dw i'n gweithio **yn** . . . . (in)

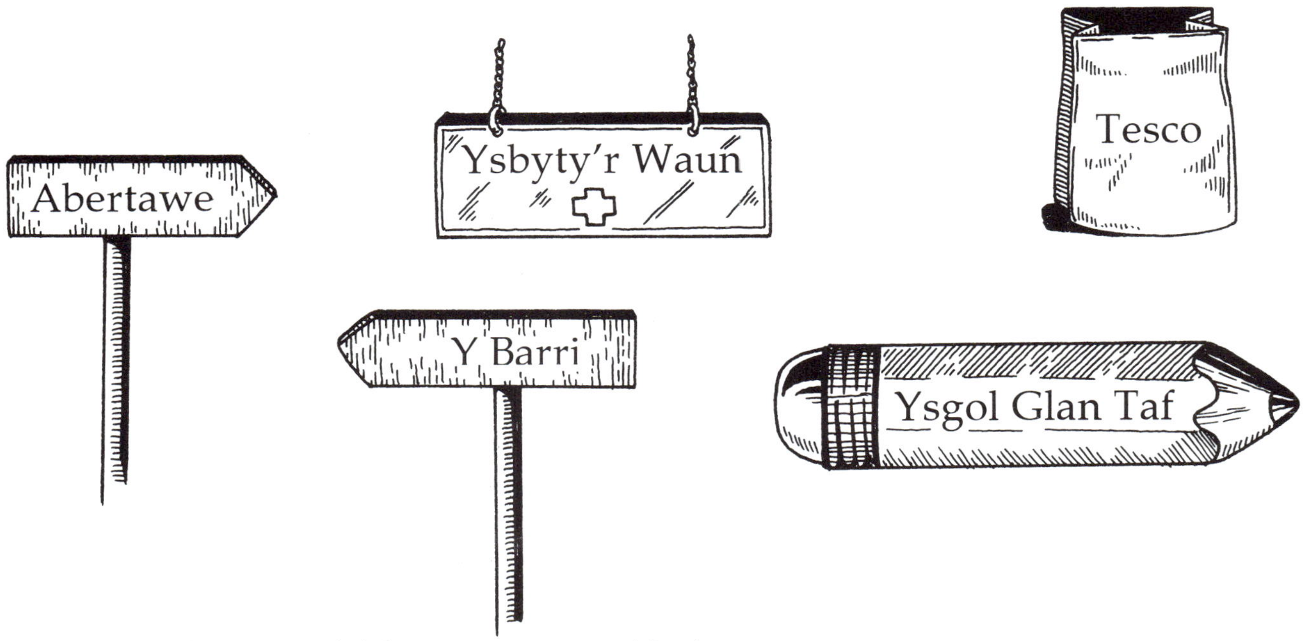

3) Dw i'n gweithio **i** . . . . (for)

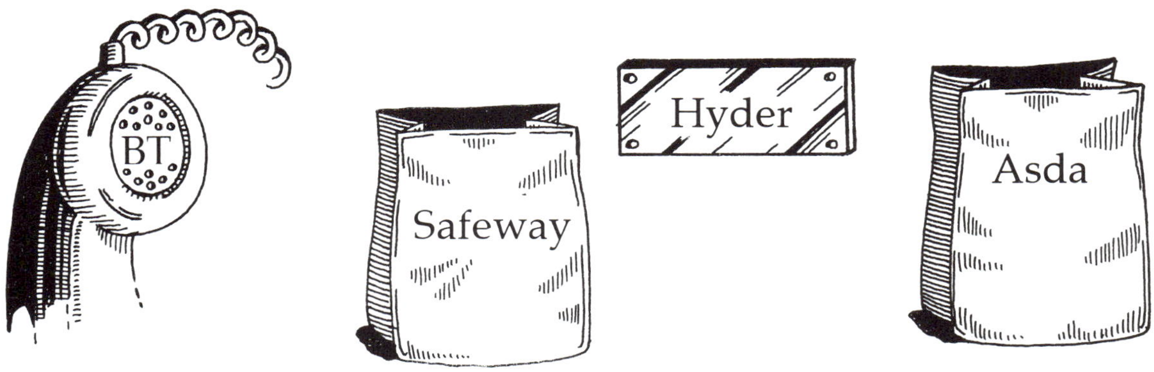

C. Swyddi / *Occupations*

I'm a teacher

he is
Mae e'n athro

Mae hi'n athrawes (F)

I'm a teacher too

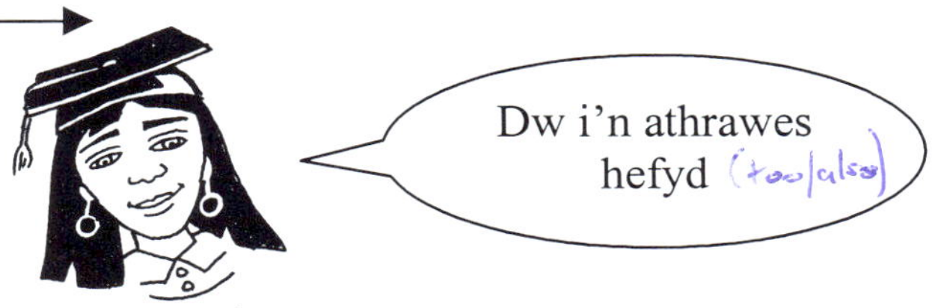

Mae hi'n nyrs

I'm a housewife

Mae hi'n wraig tŷ

I'm a student

Mae hi'n fyfyrwraig

Mae hi'n fyfyrwraig

I have retired

Mae e wedi ymddeol

Beth maen nhw'n wneud? / ***What do they do?***

Mae e'n athro ______________________

____

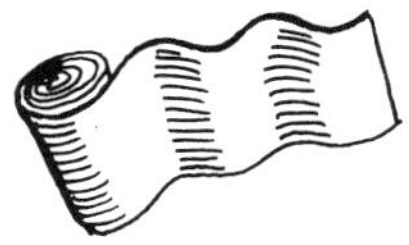

____

____

____

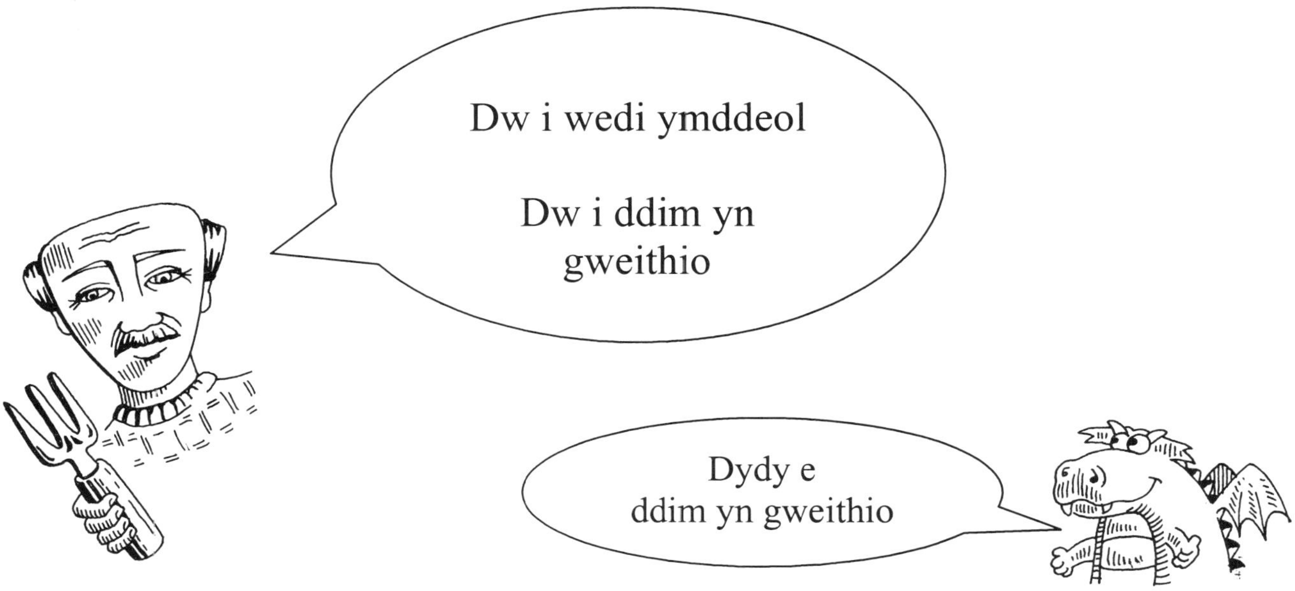

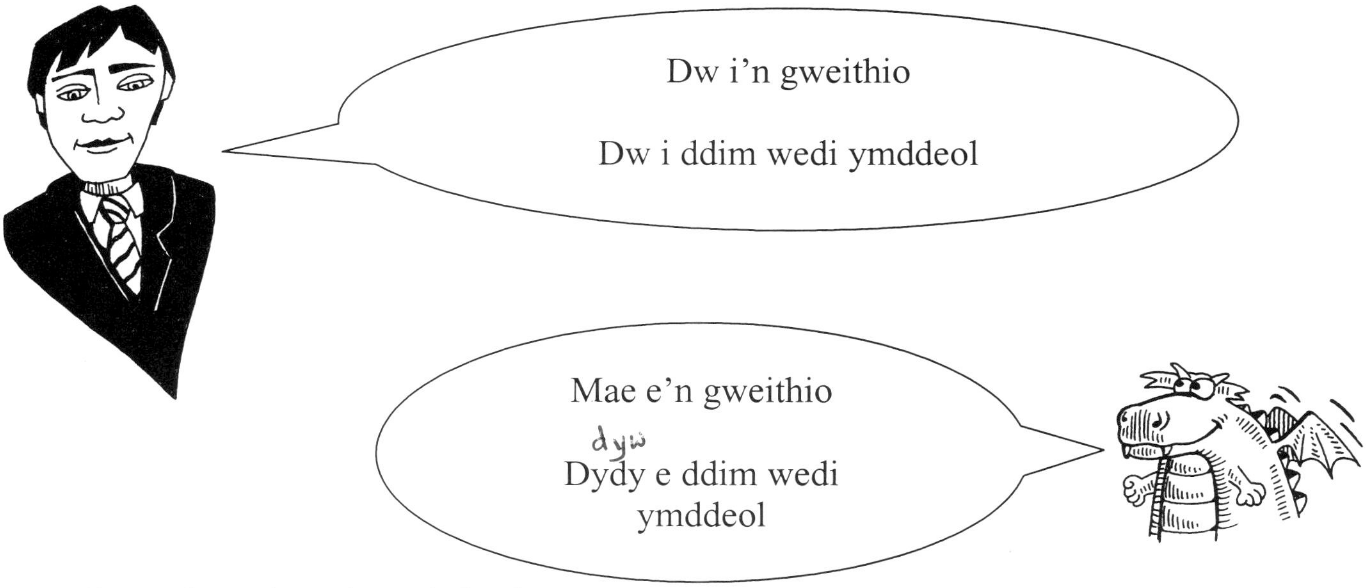

Gorffennwch y gadwyn / *Finish the chain*

Trowch y brawddegau isod i'r negyddol / ***Make the following sentences negative***

Mae e'n feddyg  Dydy e ddim yn ______________________

Mae hi'n nyrs  ______________________

Mae e'n hapus  ______________________

Mae hi'n drist  ______________________

Mae e'n dawnsio  ______________________

Mae e'n nofio  ______________________

Mae hi'n coginio  ______________________

Mae hi'n bwrw galw  ______________________

Mae hi'n braf  ______________________

Mae e'n bostmon 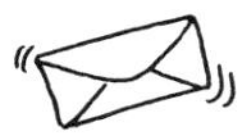 ______________________

CH. Dych chi'n cofio? (tudalen / *page 13*)

Sut mae dweud? Do you — type ?

↓ ↓

(*formal*) ____________ ____________

Sut mae dweud? Do you — work ?

↓ ↓

(*formal*) ____________ ____________

(*friendly*) ____________ ____________

Sut mae dweud? Where — do you — work ?

↓ ↓ ↓

(*formal*) ____________ ____________ ____________

Now ask the other members of the *dosbarth* whether they work or not. If they do, go on to ask them, 'Ble?'

Enw	**Gweithio?**	**Ble?**

***Nawr* find a *partner newydd* (new) and ask them about their former *partner*.**

Does Tom work? Ydy Tom yn gweithio?

Your atebion will be one of the below

✓ Ydy, mae Tom gweithio yn . . . .

✗ Nac ydy, dydy Tom ddim yn gweithio.

Read the following paragraff ac *atebwch y cwestiynau.*

Mae hi'n fore braf ac mae Siân yn agor y llenni i weld y postmon - Jac.

Mae Jac yn byw yng Nghaerffili ac mae e'n gweithio yng Nghaerdydd. Mae e'n hapus iawn yn gweithio fel postmon.

Yn anffodus, dydy Siân ddim yn hoffi mynd i'r gwaith Mae hi'n gweithio mewn swyddfa yng Nghaerdydd.

Mae'r gwaith yn ddiflas a dydy hi ddim yn hoffi'r bobl. Ond mae hi'n mwynhau (*enjoy*) seiclo i'r gwaith bob dydd o'r Rhath.

1. Ydy hi'n fore braf?

   ____

2. Ydy Jac wedi ymddeol?

   ____

3. Ydy Jac yn byw ym Mhontypridd?

____

4. Ydy Jac yn hapus yn gweithio fel postmon?

____

5. Ydy Siân yn nyrs?

____

6. Ydy hi'n gweithio yng Nghaerffili?

____

7. Ydy hi'n hoffi'r bobl yn y gwaith?

____

8. Ydy hi'n mwynhau seiclo i'r gwaith?

____

9. Ydy hi'n seiclo o'r Rhath?

____

D. Sut mae dweud?

Do you	like	working	in an	office	?
↓	↓	↓	↓	↓	
________	________	________	________	________	?

Atebwch / ***Answer***:

Dych chi'n gweithio?

Ble dych chi'n gweithio?

Dych chi'n hoffi gweithio?

RE CAP

1. **Dych chi wedi dysgu / *You have learnt*:**

    1) Dw i'n gweithio mewn / yn / i

    2) Dw i'n nyrs. . . .
    Mae e'n athro . . . .
    Mae hi'n wraig tŷ. . . .

    3) Dydy e/hi ddim yn gweithio, ...

    4) (Ble) dych chi'n gweithio?

    5) Ydy e/hi'n gweithio?

    6) Dych chi'n hoffi gweithio. . . .?
    Wyt ti'n hoffi gweithio. . . .

+	—	?
Mae e'n nyrs	Dydy e ddim yn nyrs	Ydy e'n nyrs
He's a nurse	*He isn't a nurse*	*Is he a nurse?*

2. **Geirfa / *Vocabulary***

gweithio	-	*to work*	gwraig tŷ	-	*house wife*
swyddfa	-	*office*	athro/athrawes	-	*teacher (male/female)*
ysbyty	-	*hospital*	myfyrwraig	-	*student (female)*
coleg	-	*college*	myfyriwr		*(male)*
ysgol	-	*school*	wedi ymddeol	-	*retired*
nyrs	-	*nurse*			

1. **The following people work in different places. Write underneath each picture where everyone works following the *esiampl*.**

John:

Mae e'n gweithio mewn siop

Siân

Mae hi'n gweithio mewn ysgol

Lowri
(F)

Tom:

Aled:

Meinir:
(F)

Rhian:

Dafydd:
(M)

2. **Atebwch y cwestiynau gan edrych ar (*look at*) y lluniau (*pictures*) yn 1.**

Ydy John yn gweithio mewn coleg? ______________________

Ydy Tom yn gwethio mewn ysbyty? ______________________

Ydy Meinir yn gweithio yn yr Alban? ______________________

Ydy Dafydd yn gweithio mewn swyddfa? ______________________

Ydy Aled yn gweithio mewn swyddfa? ______________________

Ydy John yn gweithio mewn siop? ______________________

Ydy Rhian yn gweithio mewn theatr? ______________________

Ydy Lowri yn gweithio mewn coleg? ______________________

Ysgrifennwch frawddeg wir (*real*) am

Aled ______________________

Tom ______________________

Siân ______________________

Rhian ______________________

3. **Have a look at the following *tabl* and create your own sentences using one element from each *colofn*.**

Dw i	yn (‘n)	byw yng Nghaerdydd
Dw i ddim	yn	gweithio ar hyn o bryd
Dych chi	yn (‘n)	dysgu Cymraeg
Rwyt ti	yn (‘n)	seiclo i’r gwaith
Mae e	yn (‘n)	gweithio mewn ysgol
Mae hi	yn (‘n)	hoffi darllen
Dych chi ddim	yn	hoffi gweithio mewn ysbyty
Dw i	yn (‘n)	nyrs mewn ysbyty
Dych chi	yn (‘n)	parcio’r car

4. **Now write *pump* sentences out and translate them.**

....

....

....

....

....

5. **Here are some *atebion*, write down some possible *cwestiynau*.**

____________________? Ydw, dw i'n hoffi gweithio

____________________? Nac ydw, dw i ddim yn gweithio

____________________? Dw i'n gweithio mewn ysgol

____________________? Nac ydw, dw i ddim yn hoffi gweithio mewn swyddfa

____________________? Mae e'n gweithio yng Ngholeg Pontypridd

____________________? Dw i'n wraig tŷ

6. ***Nodwch bump* useful words/phrases from this *uned*.**

un ____________________

dau ____________________

tri ____________________

pedwar ____________________

pump ____________________

UNED 5

YN Y CAFFI
IN THE CAFÉ

A. Adolygu

Follow the *esiampl* and tell a *partner* what the following *pobl* are saying

1.

CAERFFILI
2 filltir

Dw i'n hoffi gweithio mewn swyddfa yng Nghaerffili

2.

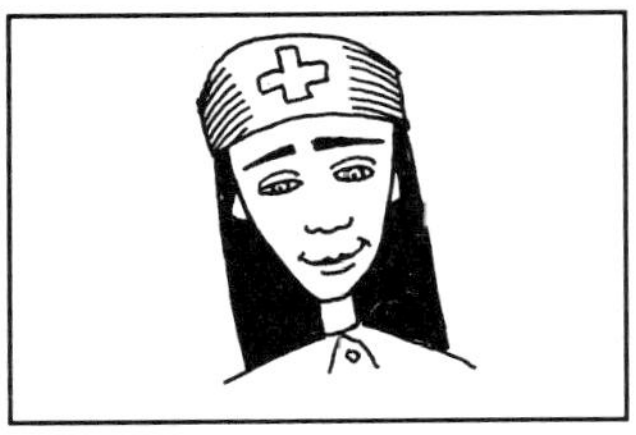

CAERDYDD
10 milltir

3.

PONTYPRIDD
5 milltir

4.

CAERFYRDDIN
8 milltir

5.

CASNEWYDD
12 milltir

B. EISIAU → to want

* 'eisiau' is slightly different to every other verb/or action word i.e. teipio, parcio, bwyta. We don't need to include the 'yn'/'n e.g:

	I	want	to cycle
Dw i'**n** seiclo	Dw i	eisiau	seiclo
~~Rwt~~ Rwyt ti'**n** yfed	Rwyt ti eisiau		yfed
Mae e'**n** darllen	Mae e eisiau		darllen
Mae hi'**n** siopa	Mae hi eisiau		siopa
Dych chi'**n** parcio	Dych chi eisiau		parcio

Sut mae dweud?:

I want to shop ______________________

She wants to park ______________________

(formal/ plural) **You want to eat** ______________________

He wants to drink ______________________

I don't want to read ______________________

(friendly) **You want to type** ______________________

(formal/ plural) **You don't want to smoke** ______________________

C.

BWYD A DIOD

ffrwythau
hufen iâ
wyau
afal
oren
siwgr
salad
banana
tomato
pînafal
cawl
letys
wynwns
llaeth
teisen
cacen
pwdin siocled
cig
bara
menyn
bacwn a selsig
caws
llysiau -vegetables
tatws
gwin
pys
te
moron
coffi

Beth mae e eisiau?

1. i frecwast 2. i ginio 3. i swper

1. ....

2. ....

3. ....

CH. Dyn ni eisiau / W*e want*

YN Y SIOP

Bore da,
beth dych chi eisiau
Mrs Jones?

Wel, maen nhw
eisiau teisen….
Maen nhw eisiau lemonêd….
ac maen nhw eisiau
siocled

Beth maen nhw'n ddweud?
What are they saying?

Dyn ni eisiau lifft

Beth mae nhw eisiau?
What do they want?

Maen nhw eisiau lifft

Beth maen nhw'n ddweud? ……………………………………………………………

Beth maen nhw eisiau? ____________________

Beth maen nhw'n ddweud? ……………………………………………………………

Beth maen nhw eisiau? ____________________

Beth maen nhw'm ddweud? ……………………………………………………………

Beth maen nhw eisiau? ____________________

Dwedwch wrth y weinyddes / *Tell the waitress* 'Beth dych chi eisiau i fwyta ac i yfed?'
what do you want to eat & to drink

Y FWYDLEN

I Ddechrau Starters

- **Cawl a bara menyn** broth & bread & butter
- **Salad waldorf**
- **Melon**

Prif Gwrs Main Course

- **Bacwn, selsig, wyau, tomato**
- **Cig oen a llysiau** lamb & veg
- **Lasagne**
- **Pasta gyda saws tomato a wynwns** (with)

Pwdin

- **Pwdin siocled**
- **Salad ffrwythau ffres**
- **Pîn-afal a hufen iâ**
- **Teisen siocled**
- **Teisen lemwn**
- **Caws a bisgedi**

Yfed - to drink

- **Cwrw**
- **Gwin gwyn**
- **Gwin coch**
- **Wisgi**
- **Fodca**
- **Gin**
- **Lemonêd**
- **Te**
- **Coffi**
- **Llaeth**
- **Dŵr** water.

Beth dych chi eisiau? what do yo want
Mmmmm

To start
I ddechrau ______________________ os gwelwch yn dda (*please*)

as the main course
fel prif gwrs ______________________

for pudding
i bwdin ______________________

a ______________________ i yfed os gwelwch yn dda
and — to drink please

Cofiwch:

Dw i ddim yn gweithio	>	Dw i ddim eisiau gweithio
Dydy e ddim yn gweithio	>	Dydy e ddim eisiau gweithio

Dysgwch nawr:

Dyn ni eisiau brecwast	>	Dyn ni ddim eisiau brecwast
Maen nhw eisiau brecwast	>	Dyn nhw ddim eisiau brecwast

Beth maen nhw'n ddweud? / *What are they saying*?

Dyn ni ddim eisiau lifft

RE CAP

1. **Dych chi wedi dysgu / *You have learnt*:**

1) *Dysgwch hwn*: This present tense pattern is both **useful** and **essential**

+		—	
Dw i eisiau	I want	Dw i ddim eisiau	I don't want
Rwyt ti eisiau	You want	Dwyt ti ddim eisiau	You don't want
Mae e/hi eisiau	he/she wants	Dyw Dydy e/hi ddim eisiau	he/she doesn't want.
Dyn ni eisiau	we want	Dyn ni ddim eisiau	we don't want.
Dych chi eisiau	you want	Dych chi ddim eisiau	you don't want
Maen nhw eisiau	they want	Dyn nhw ddim eisiau	they don't want

2) Bwydydd (*foods*), selsig, bara, llaeth . . . . .

2. **Geirfa / Vocabulary**

eisiau	-	*to want*	menyn	-	*butter*
llaeth	-	*milk*	cig	-	*meat*
cwrw	-	*beer*	caws	-	*cheese*
gwin	-	*wine*	te	-	*tea*
bara	-	*bread*	coffi	-	*coffee*

1. **Atebwch**:

Beth dych chi eisiau i frecwast fory? ____________

Beth dych chi eisiau i ginio fory? ____________

Beth dych chi eisiau i swper fory? ____________

Dych chi'n hoffi cwrw? ____________

Dych chi'n hoffi siocled? ____________

Dych chi'n hoffi te? ____________

Dych chi'n hoffi moron? ____________

2. **Read y *paragraff* about *Huw ac atebwch y cwestiynau*.**

Huw Evans dw i. Dw i'n byw yn Abertawe ac yn gweithio yn Llanelli. Dw i'n gweithio mewn siop yn Llanelli ond dw i ddim yn hoffi'r siop. Dw i eisiau gweithio yn Abertawe. Dw i'n hoffi seiclo, darllen ac yfed cwrw yn y dafarn. devon.

Ydy Huw yn byw yn Abertawe? ____________

Ydy Huw yn gweithio yn Abertawe? ____________

Ydy Huw yn hoffi'r gwaith? ____________

Ydy e eisiau gweithio yn Llanelli? ____________

Ydy e'n hoffi seiclo? ____________

Ydy e'n hoffi yfed gwin yn y dafarn? ____________

3. **Here are some *atebion*, write down some possible *cwestiynau*:**
answers

____________? Nac ydy, dydy Jac ddim yn yfed gwin

____________? Ydw, dw i eisiau coffi du

____________? Nac ydw, dw i ddim eisiau nofio heddiw

____________? Ydy, mae e eisiau mynd i'r theatr

____________? Nac ydy, dydy hi ddim eisiau dawnsio

____________? Ydw, dw i eisiau pwdin siocled

4. **Dilynwch y patrwm / *Follow the pattern*:**

Dw i'n hoffi gwin gwyn	Dyn ni'n hoffi gwin gwyn hefyd (*also*)
Dw i ddim yn seiclo	Dyn ni ddim yn seiclo chwaith (*either*)
Dw i'n hoffi darllen	____________________
Dw i'n dysgu Cymraeg	____________________
Dw i ddim eisiau ffonio	____________________
Dw i'n gweithio fory	____________________
Dw i ddim yn siopa yn TESCO	____________________
Dw i ddim yn smocio	____________________
Dw i wedi ymddeol	____________________

5. ***Nodwch bump* useful words/phrases from this *uned*.**

un ____________________

dau ____________________

tri ____________________

pedwar ____________________

pump ____________________

UNED 6

DOD O / *COME FROM*
MYND I / GO TO

A. Dod o/ *Come from*

Dw i'n dod o ....

Abertawe | Ffrainc | Sbaen

Sir Benfro | Ffostrasol | Abercynon

Sut mae dweud?:

He comes from Abertridwr ____________________

We come from France ____________________

They come from India ____________________

I don't come from Pembrokeshire ____________________

She doesn't come from Abercarn ____________________

B. Mynd i / *Going to*

Dw i'n mynd i ....

Nepal | Norwy | Sweden

Abertridwr | Sri Lanka | Ynys Môn

Angiesea

Sut mae dweud?:

They're going to France ____________________

She's not going to Spain ____________________

We're not going to Anglesey ____________________

You're not going to Swansea ____________________

I'm going to Norway ____________________

OND. . . . .os dych chi'n dod o 'Treorci' . . . . . . .mae'n wahanol!
(BUT. . . . . if you come from 'Treorchy'. . . . . . . .it's different!)

Treorci	-	Dw i'n dod o **D**reorci
Caerdydd	-	Dw i'n dod o **G**aerdydd
Penarth	-	Dw i'n dod o **B**enarth
Bargoed	-	Dw i'n dod o **F**argoed
Gwynedd	-	Dw i'n dod o **W**ynedd
Dinas Powys	-	Dw i'n dod o **Dd**inas Powys
Llanelli	-	Dw i'n dod o **L**anelli
Merthyr	-	Dw i'n dod o **F**erthyr
Rhisga	-	Dw i'n dod o **R**isga

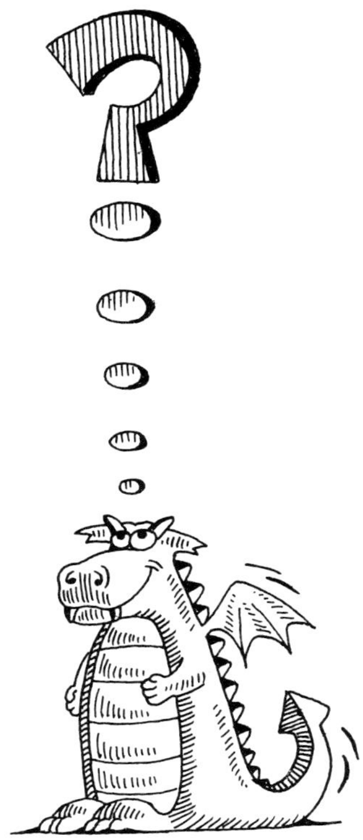

Remember the nasal mutation in *Uned 3*?

Well, we are now looking at the soft mutation, the mutation most frequently used in *Cymraeg*.

Look once again the same letters change

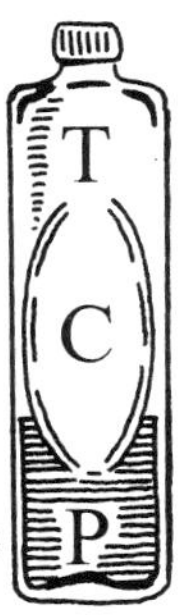

T >	**D**	Blinkin'	> F	Llywelyn	>	L	
				↘ drop 'l'			
C >	**G**	Good	> /	Married	>	F	
P >	**B**	Disinfectant	> Dd	Rhiannon	>	R	
				↘ 'l' drop 2nd letter			

The words 'o' (from) and 'i' cause a mutation (letter change) in the following words if they begin with one of these 9 letters.

	T	C	P	B	G	D	LL	M	RH
	↓	↓	↓	↓	↓	↓	↓	↓	↓
Can you remember what they become?	—	—	—	—	—	—	—	—	—

C. Cwestiwn

Cofiwch: Ble dych chi'n byw? Ble rwyt ti'n byw?

Dysgwch nawr: O ble dych chi'n dod?

O ble rwyt ti'n dod?

You can also add the phrase **yn wreiddiol** (*originally*) os dych chi eisiau.

Ask *pump yn y dosbarth* where they come from *yn wreiddiol.*

Enw	O ble?
1.	
2.	
3.	
4.	
5.	

Now work with a *partner* and tell her/him where the *pump* you spoke to come from originally.

Ch. (Y)fory / *Tomorrow*

Dw i'n mynd i Gaerdydd fory

Dw i'n mynd i siopa fory

Dw i'n mynd i'r sinema fory

Ble dych chi'n mynd fory?

Ble rwyt ti'n mynd fory?

Ask your partner whether *maen nhw'n mynd i'r* places listed below *fory*. Give a full answer to practise.

Then ask someone else *yn y dosbarth* about their original *partner* – **'Ydy x yn mynd i'r sinema fory?'**

	Partner 1 ✓ ✗	Partner 2 ✓ ✗
Sinema		
Ysgol		
Ysbyty		
Banc		
Siop fara		
Gwely		

D. Dyddiau'r Wythnos

Dydd Llun

Dydd Mawrth

Dydd Mercher

Dydd Iau

Dydd Gwener

Dydd Sadwrn

Dydd Sul

Ask your partner *ble maen nhw'n mynd* on each day of the week

E. Ydyn nhw

Ydyn nhw'n gweithio dydd Llun?

✓

Ydyn, maen nhw'n gweithio dydd Llun

✗

Nac ydyn, dyn nhw ddim yn gweithio dydd Llun.

Gyda'ch partner, cwblhewch y tabl. *Complete the table*:

	✓	✗
______________________________ ? 1	Ydyn, maen nhw'n mynd i'r sinema dydd Mawrth.	
______________________________ ? 2		Nac ydyn, dyn nhw ddim yn mynd i siopa dydd Mercher.
______________________________ ? 3		Nac ydyn, dyn nhw ddim eisiau mynd i'r dafarn dydd Iau.
______________________________ ? 4	Ydyn, maen nhw eisiau mynd i'r ysgol dydd Gwener	
______________________________ ? 5	Ydyn, maen nhw'n mynd i'r ysbyty dydd Sadwrn	
______________________________ ? 6		Nac ydyn, dyn nhw ddim yn mynd i'r capel dydd Sul

RE CAP

1. **Dych chi wedi dysgu**

1) O ble dych chi'n dod? Dw i'n dod o . . . .

2) Ble dych chi'n mynd? Dw i'n mynd i . . . . . .

3) Y Treiglad Meddal / *The Soft Mutation*

t	-	d	b	-	f	ll	-	l
c	-	g	g	-	/	m	-	f
p	-	b	d	-	dd	rh	-	r

4) Dyddiau'r Wythnos / *days of the week*

2. **Geirfa**

gwely	-	*bed*	yn wreiddiol	-	*originally*
Ffrainc	-	*France*	gwreiddiol	-	*original*
Sbaen	-	*Spain*	dod	-	*to come*

UNED CHWECH ***HELP YOURSELF*** **- GARTRE -**

1. **Ysgrifennu am ffrindiau /** ***Writing about friends and relatives***

Darllenwch trwy'r **following information sheets and then fill in the other sheets for other friends, relatives or famous people.**

Dyma (*This is*) Mrs Nora Jones
Mae Mrs Jones yn byw yn Rhisga ger Casnewydd.
Mae hi'n dod o Abertawe yn wreiddiol.
Mae hi'n hoffi lager gyda leim

Dyma Mr Dafydd Evans
Mae Mr Evans yn byw yn Cathays, Caerdydd
Mae e'n dod o Lundain yn wreiddiol.
Mae e'n hoffi te gyda siwgr a llaeth.

2. ***Pretend that you come from the following places:***

Pontypridd	Dw i'n dod o Bontypridd
Machynlleth	______________________
Llundain	______________________
Caerdydd	______________________
Gwynedd	______________________
Caerfyrddin	______________________
Pontardawe	______________________
Bangor	______________________
Llantrisant	______________________
Abertawe	______________________
Dolgellau	______________________
Ceredigion	______________________

3. ***Match the days of the week. Try not to look back.***

Thursday	Dydd Mawrth
Monday	Dydd Gwener
Saturday	Dydd Sul
Wednesday	Dydd Llun
Friday	Dydd Mercher
Sunday	Dydd Iau
Tuesday	Dydd Sadwrn

4. ***Nodwch bump* useful words / phrases from this u*ned*.**

un ________________________________

dau ________________________________

tri ________________________________

pedwar ________________________________

pump ________________________________

UNED SAITH

MEDDIANT / *POSSESSION (I'VE GOT….)*

A. **Meddiant / *Discussing Possessions***

Gyda'ch tiwtor a gyda'ch partner, trafodwch

Mae car gyda fi - I have a car / I've got a car

Mae tŷ gyda fi - I have a

Mae teledu gyda fi - I have a

Mae fideo gyda fi - I have a

Mae llyfr gyda fi - I have a

List *pump o bethau* (five things) you own.

1. ____________________________
2. ____________________________
3. ____________________________
4. ____________________________
5. ____________________________

Just as **I have** becomes I've **gyda** is often shortened to **'da** when we speak.

B. **Y Cwestiwn**

Oes teledu gyda chi? Do you have a television? / Have you got a television?

Oes fideo gyda chi? Do you have a video?

Oes llyfr gyda chi? Do you have a book?

Oes tŷ gyda ti? Do you have a house?

Oes car gyda ti? Do you have a car?

The answer is either **OES** (*Yes*) or **NAC OES** (*No*).

Defnyddiwch y grid isod (Use the grid below) to ask *eich partner* whether they have the following:

	✓	✗
car		
teledu		
llyfr Cymraeg - Welsh book		
brawd - brother		
chwaer - sister		
plant - children		
bat criced - cricket bat		
pêl rygbi - rugby ball		
beic - bike		
ceffyl - horse		

Does dim teledu gyda fi I haven't got a television
Does dim fideo gyda John
Does dim llyfr gyda fe
Does dim chwaer gyda hi
Does dim ceffyl gyda nhw

C. Trafod Plant / *Discussing Children*

Mae plant gyda fi

Does dim plant gyda fi

Mae 1 plentyn gyda fi

Mae 2 o blant gyda fi

Mae 3 o blant gyda fi

Mae un mab gyda fi

Mae dau fab gyda fi

Mae tri mab gyda fi

Mae un ferch gyda fi

Mae dwy ferch gyda fi

Mae tair merch gyda fi

Mae un mab ac un ferch gyda fi

1. *Yn Gymraeg*, you can use a single noun with a number. *Dau blentyn* is literally two <u>child</u>.

2. The numerals, *dau, tri* and *pedwar*, have feminine forms - *dwy, tair* and *pedair* - which are used with feminine nouns (all nouns in Welsh are either feminine or masculine).

3. Certain mutations follow these numbers:

un mab	*un ferch*
dau fab	*dwy ferch*
tri mab	*tair merch*
pedwar mab	*pedair merch*

Treiglad meddal appears after the feminine *un* (just like the feminine article - *y ferch*) and after both *dau* and *dwy*.

CH. Prosiect Ysgol / *A School Project*

Mrs Hughes had been approached on the *stryd* by a *plentyn ysgol* involved in a *prosiect ysgol* and local family life. *Gyda'ch tiwtor a gyda'ch partner, darllenwch y ddeialog:*

Plentyn ysgol: Esgusodwch fi.
Oes munud gyda chi i ateb cwestiwn?

Mrs Hughes: Oes, wrth gwrs

Plentyn ysgol: Oes plant gyda chi?

Mrs Hughes: Oes. Mae dau blentyn gyda fi - un mab ac un ferch.

Nawr, conduct your own research among fellow students.
Note your findings on the following *prosiect* form:

Enw	Meibion (*Sons*)	Merched (*Daughters*)

D. **Gofyn Caniatâd / *Asking Permission***

Gaf i ?

May I?
May I have?

Gaf i'r siwgr?	Cei/Na chei	Gaf i ffonio?	Cewch/Na chewch
Gaf i'r llaeth?	Cei/Na chei	Gaf i ddod?	Cewch/Na chewch
Gaf i'r menyn?	Cei/Na chei	Gaf i barcio?	Cewch/Na chewch
Gaf i'r hufen?	Cei/Na chei	Gaf i adael?	Cewch/Na chewch

os gwelwch yn dda

The *treiglad meddal* (soft mutation) follows Gaf i e.e. **Gaf i ddod**?
The familiar form for a reply is **Cei** (Yes, you may) or **Na chei** (No, you may not). **Cewch**, **Na chewch** are the more formal and plural forms.

Gyda'ch partner, complete the following table. Your *tiwtor* will go over the meanings when you have finished.

gofyn cwestiwn	Gaf i ofyn cwestiwn?
dod gyda chi	Gaf i ______________________
agor y ffenestr	______________________
cau'r ffenest	______________________
edrych ar y llyfr	______________________
ysgrifennu'r gair	______________________
ffonio adre	______________________

Gyda'ch partner

Note the request in the following situations:

Gyda'ch tiwtor a gyda'ch partner, make a note 3 other requests likely to be useful to you *fel dosbarth*.

1. ....

2. ....

3. ....

RE CAP

1. **Dych chi wedi dysgu**

1. Mae teledu gyda fi / ti / hi / fe / John / ni / chi / nhw
2. Oes teledu gyda chi?
3. Does dim teledu gyda fi
4. Gaf i (+ treiglad meddal)

   Cei, na chei   Cewch, na chewch

2. **Geirfa**

esgusodwch fi	*excuse me*	hufen	*cream*
os gwelwch yn dda	*please*	gair	*word*
brawd	*brother*	munud	*minute*
chwaer	*sister*	ffenest	*window*
beic	*bicycle*	ateb	*to answer*
ceffyl	*horse*	cau	*to close*
pêl	*ball*	ysgrifennu	*to write*
llyfr	*book*	ffonio	*to phone*
teledu	*television*	edrych	*to look*

1. Oes plant gyda chi?

A researcher asked a number of people '*Oes plant gyda chi*?'. Record the answers they were given.

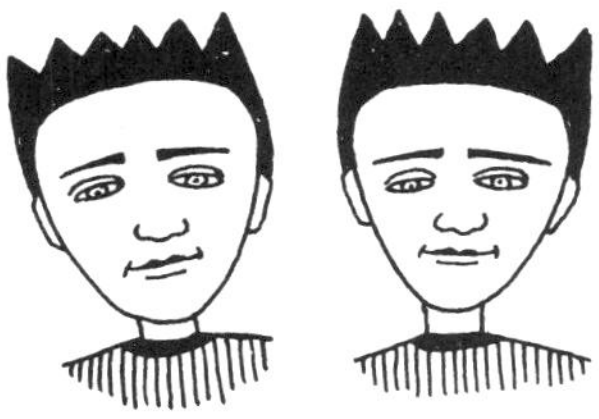

2. **Atebwch y cwestiynau**:

Oes teledu gyda chi? ______________________

Oes brawd gyda chi? ______________________

Oes chwaer gyda chi? ______________________

Oes plant gyda chi? ______________________

Oes llyfr Cymraeg gyda chi? ______________________

Gaf i siarad Saesneg yn y dosbarth Cymraeg? ______________________

3. **Atebwch y cwestiynau. Give a positive answer (Yes) and a full response each time.**

Dych chi'n byw ym Mhenarth? ______________________

Ydy e'n mynd adre? ______________________

Ydy hi'n braf? ______________________

Oes beic gyda chi? ______________________

Ydyn nhw'n seiclo? ______________________

Dych chi'n dod o Gymru yn wreiddiol? ______________________

4. ***Nodwch bump* useful words / phrases from this u*ned*.**

un ______________________

dau ______________________

tri ______________________

pedwar ______________________

pump ______________________

UNED WYTH

DIGWYDDIADAU YN Y GORFFENNOL
PAST EVENTS

A. Adolygu / *Revision*

Y DECHRAU 1.	Sut mae'r tywydd? 2.	Find out who likes wine. 3.	Oes car gyda chi? 4.	Find out who cycles 5.
Beth ydy 'Siân isn't going' yn Gymraeg? 10.	Find out who works 9.	Ble mae Tom Jones yn byw? 8.	Ask everyone where they live 7.	Sut dych chi? 6.
Beth dych chi'n hoffi ar y teledu? 11.	Find out where everyone is going on Saturday 12.	Dych chi'n byw yng Nghasnewydd? 13.	Ydy hi'n bwrw glaw? 14.	Find out who has children 15.
Find out where everyone comes from originally 20.	Ble mae'r tiwtor yn byw? 19.	Beth ydy 'I don't like beer' yn Gymraeg? 18.	Find out who is going shopping tomorrow? 17.	Beth ydy 'We're going, home tomorrow' yn Gymraeg? 16.
Beth ydy 'They've got three daughters' yn Gymraeg? 21.	Find out what everyone wants for breakfast tomorrow 22.	Dych chi'n gweithio? 23.	Beth ydy 'May I leave early?' yn Gymraeg? 24.	Y Diwedd 25.

B: Mynd am baned neu beint / *Going for a cuppa or a pint*

It is important to start using as much *Cymraeg* as possible. Below is a deialog you can use when buying a drink. Read through it *gyda'ch partner a gyda'ch tiwtor*.

Gaf i helpu?	-	*May I help?*
Coffi os gwelwch yn dda	-	*Coffi please*
Dych chi eisiau llaeth a siwgr?	-	*Do you want milk and sugar?*
Ydw, llaeth a dwy siwgr	-	*Yes, milk and two sugars*
Dau ddeg ceiniog os gwelwch yn dda	-	*20 pence please*
Diolch yn fawr	-	*Thank you very much*
Diolch	-	*Thank you*

Gyda'ch partner, chwaraewch y gêm fwrdd i ymarfer gofyn am rywbeth yn y caffi (play the game to practise asking for something in the café). The first person to reach the *tŷ bach* (toilet) is the winner.

The *deialog* you have been practising corresponds to your first square.
 = siwgr  = llaeth  = coffi  = te. If you land on the square you want to buy the *te/coffi* and your partner works in the *caffi*.

GÊM Y CAFFI

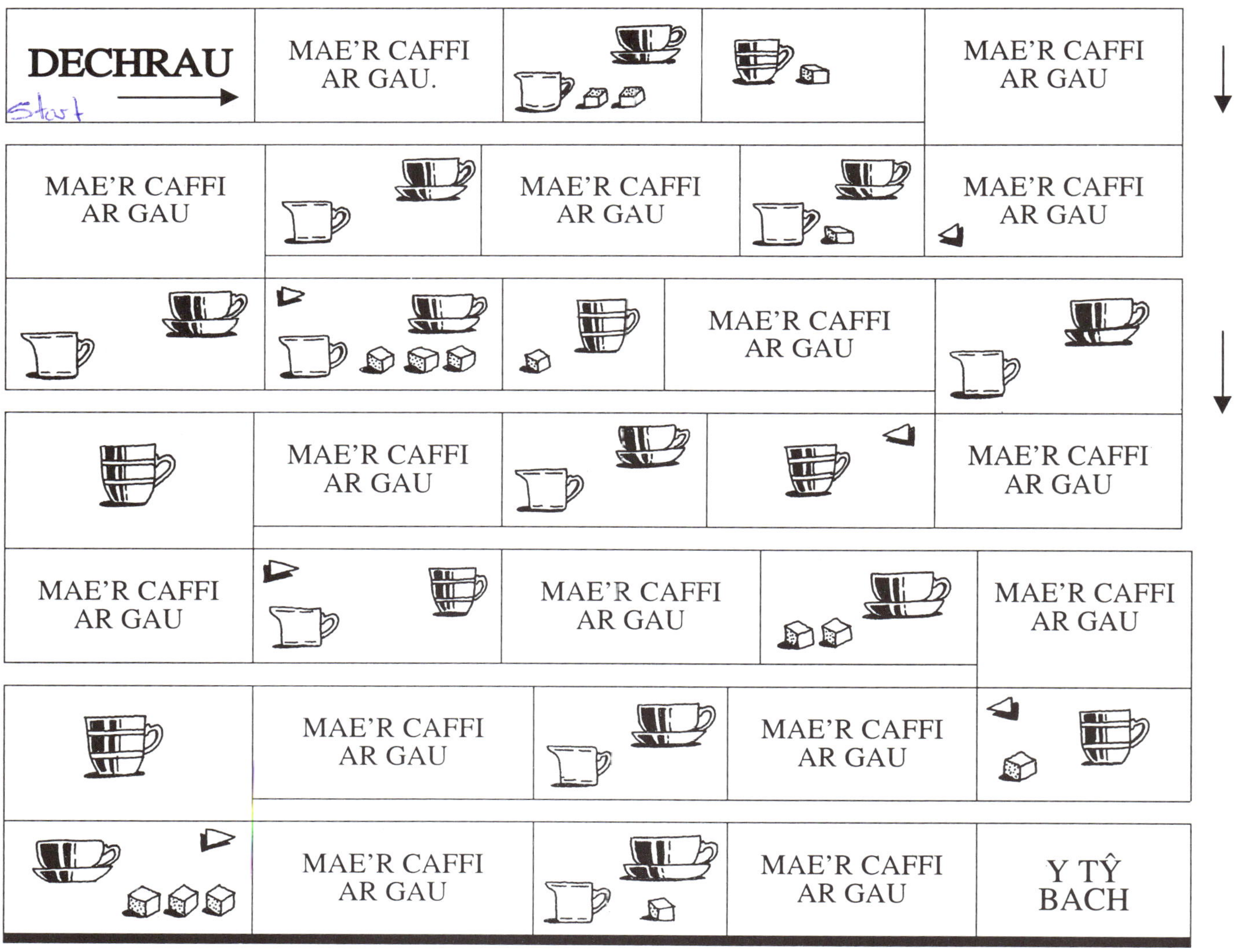

C. Adolygu (*Revising*) Hoffi

Ask your partner whether they like the following. Then ask a new partner about their original partner.

	✓	✗
caws		
Coronation Street		
gwin		
rygbi		
Tom Jones		

Ch. Yr Amser Gorffennol / *The Past Tense*

Cofiwch: Dw i'n bwyta (*I eat, I'm eating*)

Dysgwch nawr: Bwytais i (*I ate*)

Gyda'ch partner, fill in the table by following the pattern at the top.

1.

Bwyta	>	Bwytais i
Gwisgo (*to dress*)	>	________
Cysgu (*to sleep*)	>	________
Ymolchi (*to wash*)	>	________
Helpu	>	________

2.

Ffonio	>	Ffoniais i
Gweithio	>	________
Nofio (*to swim*)	>	________
Ymlacio (*to relax*)	>	________
Smwddio (*to iron*)	>	________

Dysgwch hefyd:

Siaradais i

Darllenais i

Cerddais i

Yfais i

As you can see, each verb (action word) has what we call a stem. These stems need to be learnt, but there are some rules:

If a verb ends in a single vowel, we drop that vowel - **gwisgo > gwisgais i**

If a verb ends in io, we drop the O - **ffonio > ffoniais**

If a verb ends in ed (or eg), we lose this ending - **cerdded > cerddais i**

rhedeg - (to run) . rhedais i

Eds will roll + Egs will smash!

D. Y Cwestiwn

Beth wnaethoch chi? Beth wnest ti?	What did you do?

Use the *holiadur* below to ask members of the *dosbarth* what they did *bore ddoe* (yesterday morning), *prynhawn ddoe, a neithiwr* (last night). Try and keep the answers simple.

ENW	BORE DDOE	PRYNHAWN DDOE	NEITHIWR

Dd. Dysgwch:

Ffoniais i John	Bwytais i'r bara	Bwytais i fara
Ffoniais i fe	Yfais i'r gwin	Yfais i win
Ffoniais i chi	Darllenais i'r llyfr	Darllenais i lyfr
Ffoniais i nhw	Helpais i'r bachgen	Helpais i fachgen

As you have learnt, you have a *treiglad meddal* immediately following this past tense. Bara > Bwytais i fara.

Cyfieithwch / *Translate*:

I helped them		I drank wine	
I wore them		I drank the wine	
I ate the cheese		I phoned the *tiwtor*	

E. Beth wnaeth hi/e? / *What did s/he do?*

Bwyt<u>odd</u> e Ffoniodd <u>e</u>

Complete the table again.

1.

Gwisgo	>	________________	e
Cysgu	>	________________	hi
Ymolchi	>	________________	Siân
Helpu	>	________________	y plant

2.

Gweithio	>	________________	hi
Nofio	>	________________	e
Ymlacio	>	________________	y plant
Smwddio	>	________________	John

3.

Siarad	>	________________	e
Darllen	>	________________	e
Cerdded	>	________________	hi
Yfed	>	________________	hi
Rhedeg	>	________________	hi

Y Cwestiwn - Beth wnaeth e?
Beth wnaeth hi?

Gyda'ch partner, *ysgrifennwch* under every *llun* (picture) what the person did:

Beth wnaeth John?

____

Beth wnaeth Dafydd?

____

Beth wnaeth Rhian?

____

Beth wnaeth Dafydd?

____

Beth wnaeth Huw?

____

Beth wnaeth Siân?

____

Beth wnaeth Lowri?

____

Beth wnaeth Sam?

____

Beth wnaeth Sara?

____

Beth wnaeth Mari?

____

RECAP

1. **Dych chi wedi dysgu**

1. Bwytais i, ffoniais i, cerddais i a.y.b.
2. Bwytodd e, ffoniodd hi, cerddodd Alun a.y.b.
3. Beth wnest ti, beth wnaethoch chi, beth wnaeth hi/e?
4. Treiglad meddal when something immediately follows: Bwytais i fara

2. **Geirfa**

ddoe	-	*yesterday*	nofio	-	*to swim*
neithiwr	-	*last night*	siarad	-	*to talk, speak*
ceiniog	-	*pence*	smwddio	-	*to iron*
cerdded	-	*to walk*	ymlacio	-	*to relax*
cysgu	-	*to sleep*	ymolchi	-	*to wash (oneself)*
gwisgo	-	*to dress, wear*			

UNED WYTH - HELP YOURSELF GARTRE

1. **Atebwch y cwestiynau**:

Beth wnaethoch chi y bore 'ma? ……………………………………………………..

Beth wnaethoch chi neithiwr? ……………………………………………………..

Beth wnaethoch chi bore ddoe? ……………………………………………………..

Beth wnaethoch chi dydd Gwener? ……………………………………………………..

Beth wnaethoch chi dydd Sadwrn? ……………………………………………………..

2. **Change the following, like the example**;

Ymlacio
<u>Ymlaciais i</u>

Siarad

__________________ i

Ffonio

__________________ hi

Nofio

__________________ e

Rhedeg

__________________ i

Darllen

__________________ y plant

Cerdded

__________________ hi

Bwyta

__________________ i

Cysgu

__________________ e

3. **Llenwch y bylchau yn y ddeialog ganlynol / *Fill in the gaps in the following dialogue.***

A: Shwmae! Sut _______________ chi?

B: _______________ iawn, diolch. A _______________ ?

A: Iawn. Beth _______________ chi neithiwr?

B: _______________ i lyfr.

A: A chi. Beth wnaethoch _______________ ?

B: _______________ i ffrind.

4. ***Nodwch bump* useful words/phrases from this *uned.***

un ____

dau ____

tri ____

pedwar ____

pump ____

UNED NAW

DIGWYDDIADAU YN Y GORFFENNOL
PAST EVENTS

A. Bôn y ferf / *Verb stems*

Write the stem for each of these verbs.

Bwyta	________	Agor	________	Ffonio	________
Gwisgo	________	Darllen	________	Gweithio	________
Cysgu	________	Edrych	________	Nofio	________
Ymolchi	________	Chwarae (*play*)	________	Ymlacio	________
Helpu	________			Smwddio	________
Dysgu	________			Smocio	________
Seiclo	________			Parcio	________
				Teipio	________
				Dawnsio	________
				Coginio	________

B. Dych chi'n cofio?:

To say: I ate = Bwyt + ais i

↓ Stem + ↓ past ending according to person

I phoned = Ffoni + ais i

↓ Stem ↓ past ending according to person

I ddweud: s/he wore = Gwisg + odd hi/e

↓ Stem ↓ past ending according to person

s/he worked = Gweithi + odd hi/e

↓ Stem ↓ past ending according to person

C. Dysgwch:

			STEM + ENDING
	I ate	-	Bwyt - ais i
(friendly)	You ate	-	Bwyt - aist ti
	He/she ate	-	Bwyt - odd e/hi
	We ate	-	Bwyt - on ni
(formal)	You ate	-	Bwyt - och chi
	They ate	-	Bwyt - on nhw

Follow the above pattern with the following verbs.

	GWEITHIO	HELPU	DARLLEN
I	_________ __	_________ __	_________ __
You (informal)	_________ __	_________ __	_________ __
He/she	_________ __	_________ __	_________ __
We	_________ __	_________ __	_________ __
You (formal)	_________ __	_________ __	_________ __
They	_________ __	_________ __	_________ __

Ch. Dyddiadur Gwyliau Gruff + Guto / *Gruff + Guto's HolidayDiary*

1.

CODI

2.
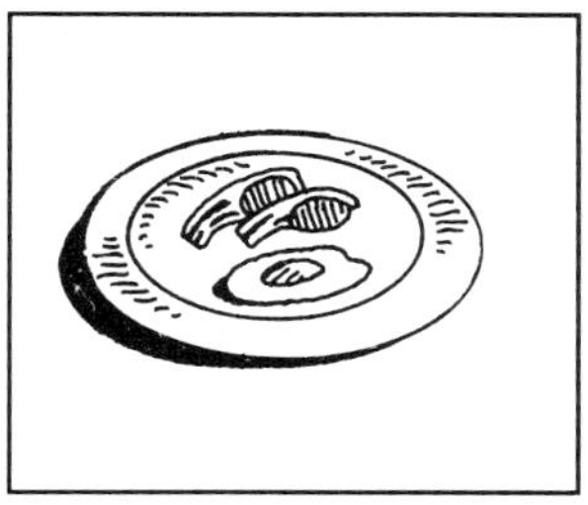
BWYTA BRECWAST

3.
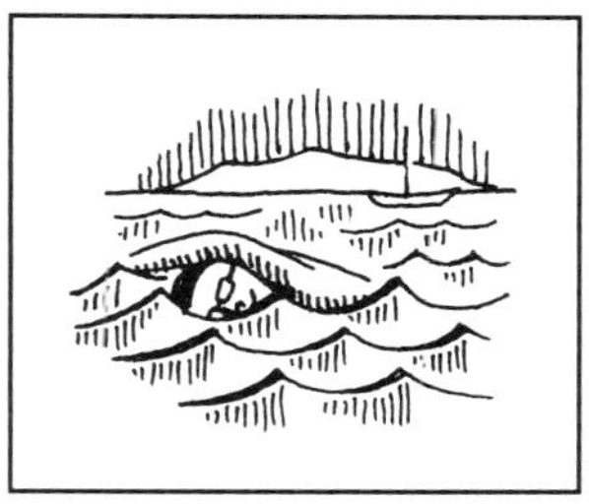
NOFIO
YN Y MÔR

4.

CHWARAE
PÊL-DROED

5.

BWYTA CINIO

6.

CYSGU YN YR
HAUL

7.

DARLLEN
LLYFRAU

8.

DAWNSIO
MEWN DISGO

Fill in their diary

Yn gyntaf 1.____________ ni, wedyn 2. ____________ ni frecwast cyn cerdded i'r traeth ble

3. ____________ ni yn y môr. 4. ____________ ni bêl-droed trwy'r prynhawn ac wedyn

5. ____________ni ginio mewn caffi bach ger y traeth. 6. ____________ ni yn yr haul a

7. ____________ ni lyfrau cyn mynd yn ôl i Hotel Hapus a chael bath. Wedyn

8. ____________ ni mewn disgo tan 3a.m.

Poor old Gareth (Guto + Gruff's brother) is back *ym Margoed yn gweithio*. Tell Gareth what Guto + Gruff did *ddoe* (yesterday):

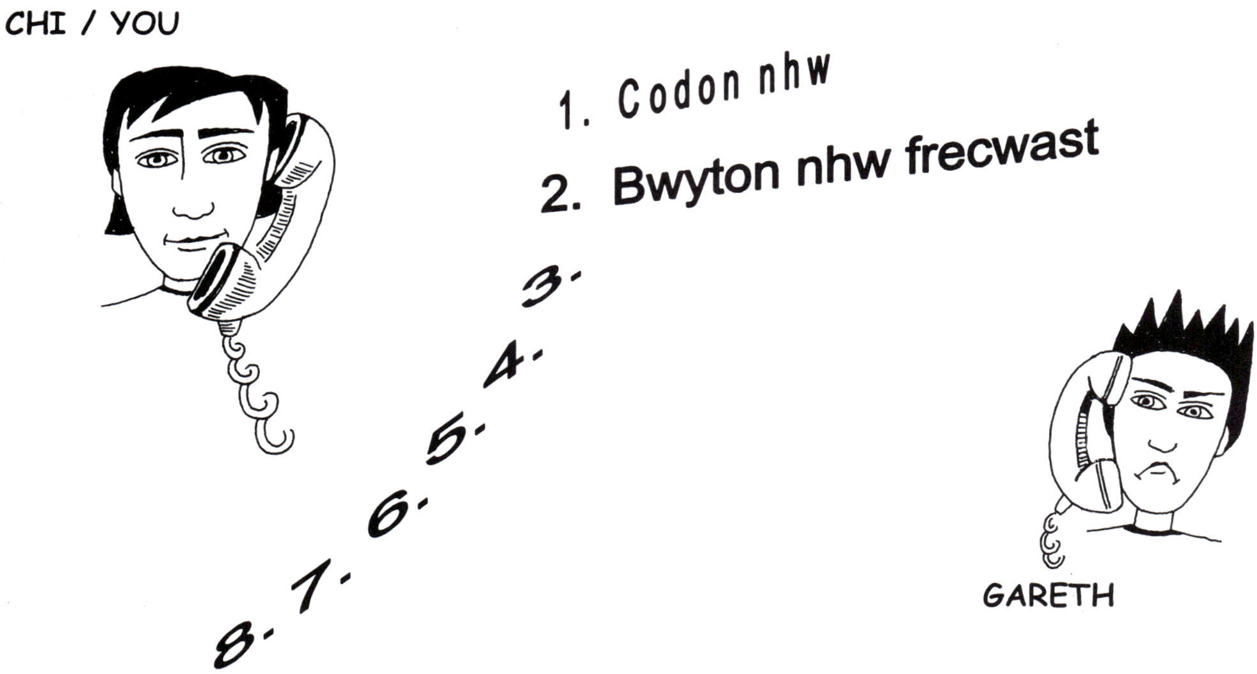

Yn y gwely that night, Gareth thinks about all the things he did *ddoe*:

1. CODI 2. FFONIO 3. TEIPIO 4. FFEILIO (File)

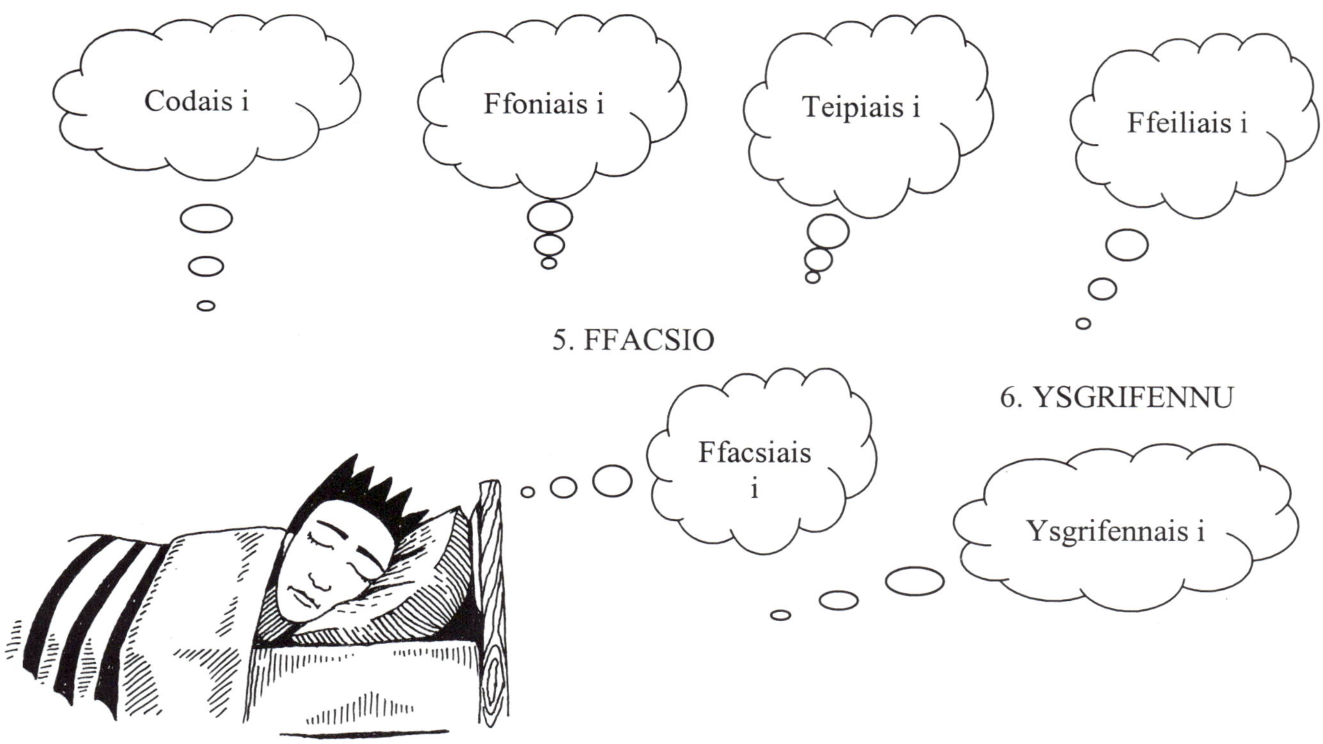

Now, *ffoniwch* (phone) ~~Gareth~~ Guto + Gruff to tell them what Gareth did yesterday.

GUTO GRUFF

1. Cododd e
2.
3.
4.
5.
6.

CHI/YOU

RE CAP

1. **Dych chi wedi dysgu:**

Bwyt<u>ais i</u> Bwyt<u>aist ti</u> Bwyt<u>odd e/hi</u> Bwyt<u>on ni</u> Bwyt<u>och chi</u> Bwyt<u>on nhw</u>

2. Verbs stems

2. **Geirfa**

cyn	-	*before*	môr	-	*sea*
ger	-	*near*	pêl-droed	-	*football*
wedyn	-	*afterwards*	traeth	-	*beach*
yn ôl	-	*back*	cael	-	*to have*
yn gyntaf	-	*firstly*	coginio	-	*to cook*
trwy'r prynhawn	-	*all afternoon*	chwarae	-	*to play*
haul	-	*sun*			

UNED NAW - HELP YOURSELF - GARTRE

1. Beth wnaethoch chi yr wythnos diwethaf (*last week*)?
Cadwch ddyddiadur syml / *Keep a simple diary.*

Dydd Llun ______________________

Dydd Mawrth ______________________

Dydd Mercher ______________________

Nos Iau ______________________

Dydd Gwener ______________________

Nos Sadwrn ______________________

Nos Sul ______________________

2. Llenwch y bylchau / *fill in the gaps*

______________	ni (coginio)	______________	i (cerdded)
______________	nhw (codi)	______________	nhw (darllen)
______________	i (chwarae)	______________	hi (dawnsio)
______________	e (ateb)	______________	ni (ymlacio)
______________	ni (bwyta)	______________	ti (smwddio)

3. Treiglwch y geiriau canlynol os oes eisiau. ***Mutate the following words, if need be.***

Bwyton ni ____________________ (afal)

Coginion ni ____________________ (bacwn)

Agoron ni ____________________ (potelaid o wisgi)

Atebon ni ____________________ (cwestiwn)

Chwaraeon ni ____________________ (pêl-droed)

Darllenon ni ____________________ (llyfr)

Smocion nhw ____________________ (sigaret)

Yfon nhw ____________________ (gwin)

Ysgrifennon nhw ____________________ (dyddiadur)

Bwyton nhw ____________________ (tatws)

4. ***Nodwch bump*** **useful words / phrases from this** ***uned.***

un ____

dau ____

tri ____

pedwar ____

pump ____

UNED DEG

CWESTIYNAU YN Y GORFFENNOL / *QUESTIONS IN THE PAST*

A. Adolygu – Trafod Gweithgareddau'r Wythnos / *Discussing the Week's Activities*

Siaradwch â thri aelod o'r dosbarth (speak to three members of the class). *Gofynnwch beth wnaethon nhw* (what they did) on each of the days of the week (*wythnos*). When you give your answers, if you went somewhere or did something with someone else, give the we answer, *e.e. nofion ni*

Cofiwch – keep your answers simple

	PERSON 1	PERSON 2	PERSON 3
DYDD SUL			
DYDD LLUN			
NOS FAWRTH			
DYDD MERCHER			
DYDD IAU			
NOS WENER			
DYDD SADWRN			

B. Gofyn Cwestiwn yn y Gorffennol / *Asking a question in the past*:

Cofiwch: atebaist ti
ateboch chi

I ofyn cwestiwn, simply change your voice — atebaist ti?
ateboch chi?

The same is true of all other verbs, but if one begins with

T	B	Ll
C	G	M
P	D	Rh

there is a *treiglad meddal*

Dysgwch:

TEIPIO	deipiaist ti?	-
	deipioch chi?	-
CODI	godaist ti?	-
	godoch chi?	-
PARCIO	barciaist ti?	-
	barcioch chi?	-
BWYTA	fwytaist ti?	-
	fwytoch chi?	-
GOFYN	ofynnaist ti	-
	ofynnoch chi?	-
DARLLEN	ddarllenaist ti?	-
	ddarllenoch chi?	-
LLWYDDO	lwyddaist ti?	-
succeed	lwyddoch chi?	-
MYNNU	fynnaist ti?	-
insist	fynnoch chi?	-
RHOI	roiaist ti?	-
give	roioch chi?	-

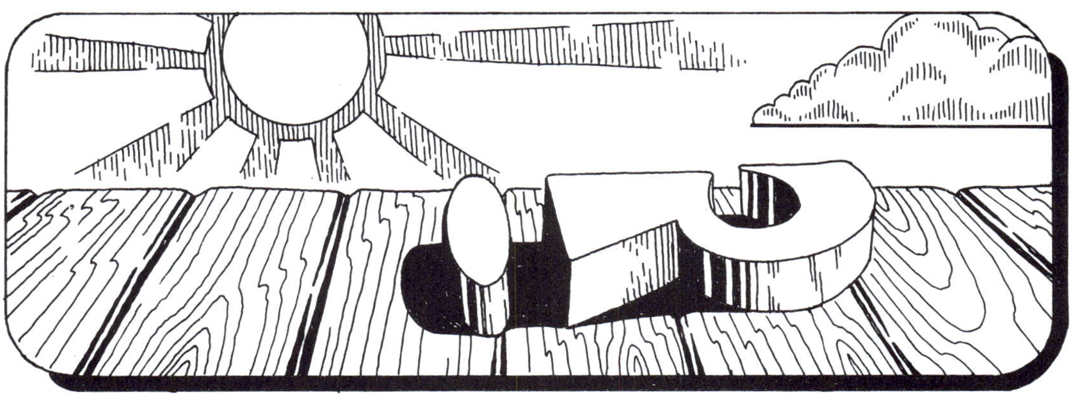

Chwaraewch y gêm fwrdd (board game) *gyda'ch partner. Bydd angen dîs a chownteri arnoch chi.* (You'll need a dice and counters). *Atebwch y cwestiwn pan laniwch ar y sgwâr* (when you land on the square).

Y DECHRAU	Edrychoch chi ar y teledu neithiwr?	Weithioch chi ddoe?	Fwytoch chi ddoe?	Ewch ymlaen 3	Ffonioch chi adre ddoe?
Gerddoch chi i'r dosbarth?	Ewch yn ôl 5	Ymolchoch chi y bore 'ma	Weithioch chi yn y tŷ ddoe?	Godoch chi cyn wyth heddiw?	Ddarllenoch chi'r papur ddoe?
Fwytoch chi losin (*sweets*) ddoe?	Beth weloch chi ar y teledu dydd Sul?	Ewch ymlaen 2	Gysgoch chi'n dda neithiwr?	Goginioch chi ddoe?	Weithioch chi dydd Sadwrn?
Gysgoch chi'n dda neithiwr?	Ymlacioch chi neithiwr?	Gerddoch chi i'r dosbarth?	Ewch yn ôl 4	Arhosoch chi gartre nos Sadwrn?	Yfoch chi goffi y bore 'ma?
Yfoch chi wisgi a dŵr nos Sadwrn?	Pwy ffonioch chi dydd Sadwrn?	Chwaraeoch chi bêl-droed yr wythnos diwethaf?	Seicloch chi i'r dosbarth?	Ewch ymlaen 6	Chwaraeoch chi snwcer ddoe?
Agoroch chi ffenest yn y tŷ bore 'ma?	Ewch yn ôl 1	Goginioch chi swper ddoe?	Ddarllenoch chi'r papur y bore 'ma?	Edrychoch chi ar y teledu y bore 'ma?	Fwytoch chi sglodion (*chips*) ddoe?
Ewch ymlaen 5	Chwaraeoch chi Monopoly yr wythnos diwethaf?	Edrychoch chi ar Coronation Street yr wythnos diwethaf?	Wylioch chi ffilm yr wythnos diwetha?	Fwytoch chi siocled ddoe?	Yfoch chi win yr wythnos diwethaf?
Pwy weloch chi ar y teledu ddoe?	Deipioch chi ddoe?	Fwytoch chi deisien ddoe?	Ysgrifennoch chi at ffrind yr wythnos diwethaf?	Ymlacioch chi nos Sadwrn?	Ewch yn ôl 2
Siaradoch chi â ffrind ddoe?	Helpoch chi ffrind ddoe?	Yfoch chi lager nos Sadwrn?	Yrroch chi ddoe?	Fwytoch chi dost i frecwast y bore 'ma?	Y DIWEDD

Nawr, gofynnwch *i'ch partner* whether they did the following ddoe. *Cofiwch*, you can use the ti (**godaist ti'n gynnar ddoe?**) or the chi (**godoch chi'n gynnar ddoe?**) version. *Wedyn* you'll work *gyda phartner newydd* (a new partner) and you'll ask questions about his or her *partner gwreiddiol*, e.e.

	Partner 1 ✓	Partner 1 ✗	Partner 2 ✓	Partner 2 ✗
codi cyn 7				
darllen y papur				
coginio				
edrych ar y teledu				
ffonio ffrind				
cysgu'n dda				
darllen llyfr				
golchi'r llestri (*wash the dishes*)				
siarad Cymraeg				
bwyta swper				

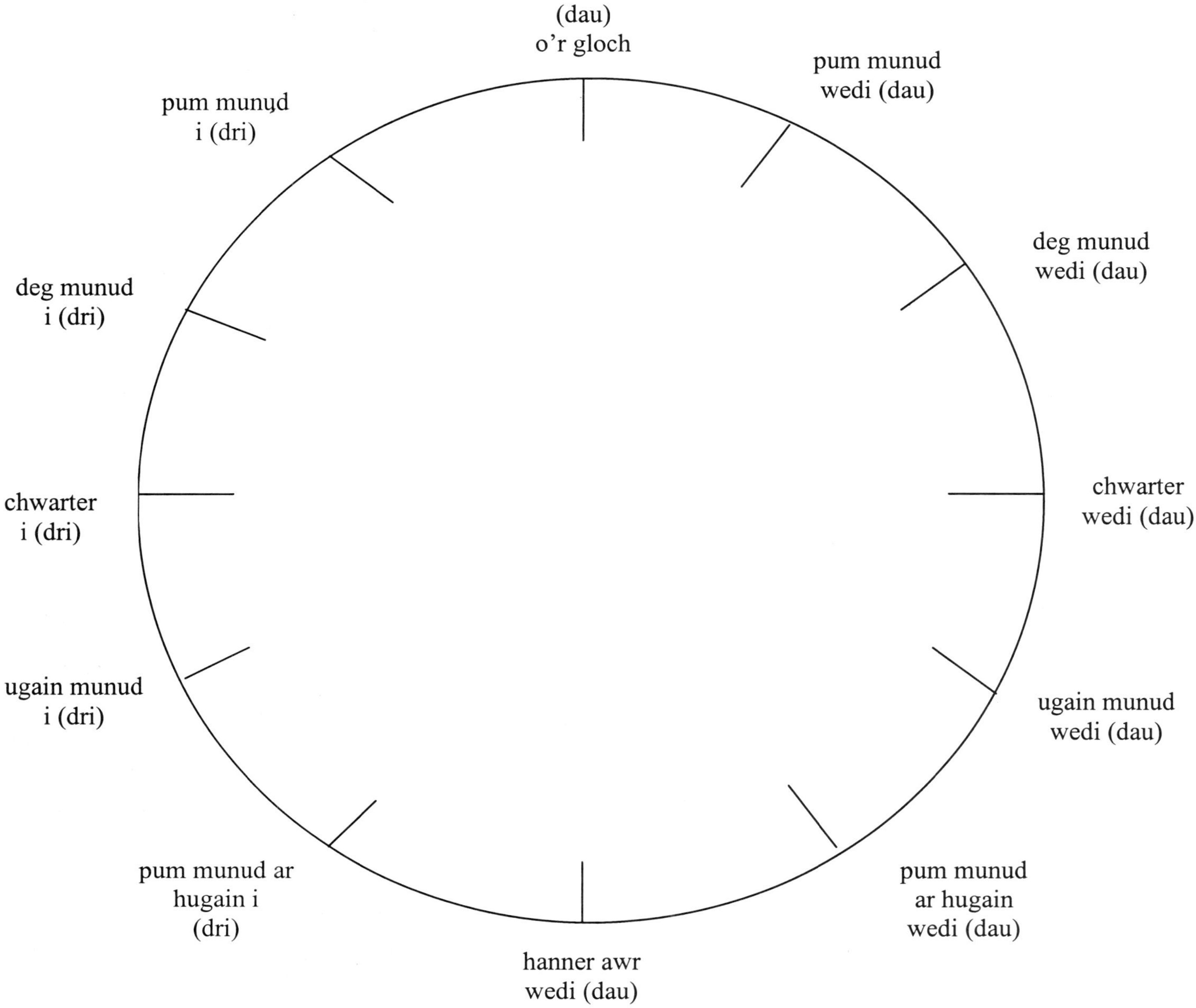

Faint o'r gloch ydy hi?

dau o'r gloch — Mae hi'n <u>dd</u>au o'r gloch

un ar ddeg (11) o'r gloch — Mae hi'n un ar ddeg o'r gloch

deuddeg (12) o'r gloch — Mae hi'n <u>dd</u>euddeg o'r gloch

Gyda'ch partner, ysgrifennwch faint o'r gloch ydy hi:

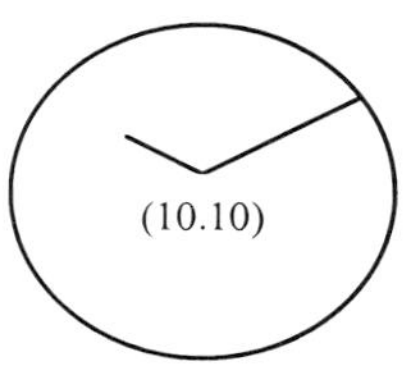

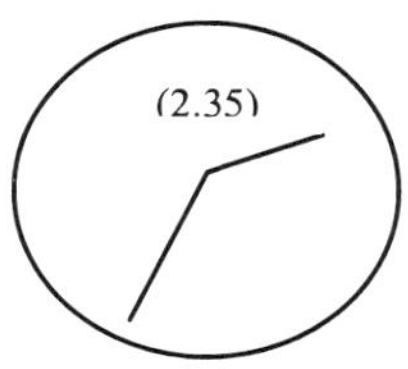

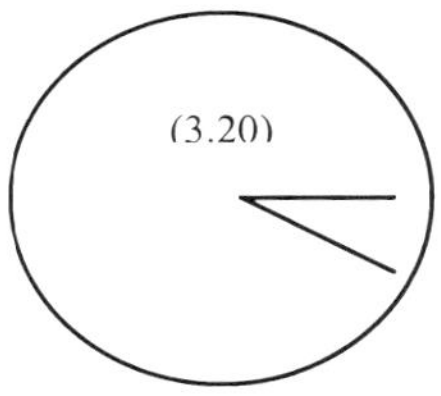

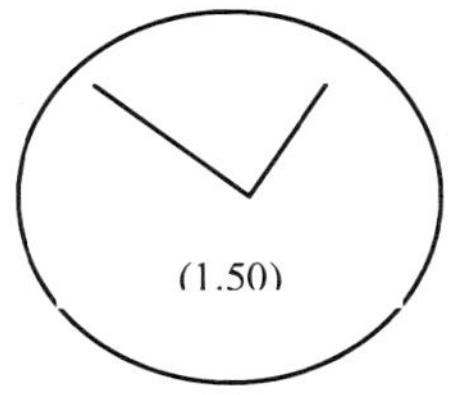

______________________________ ______________________________

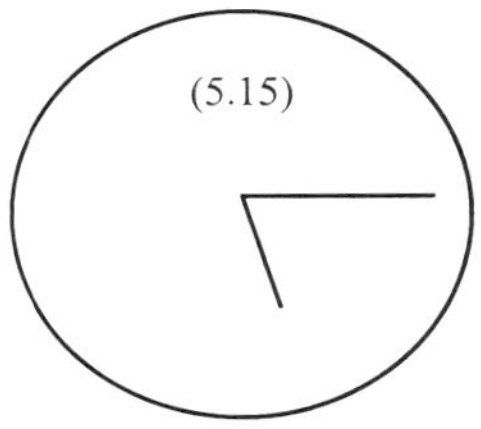

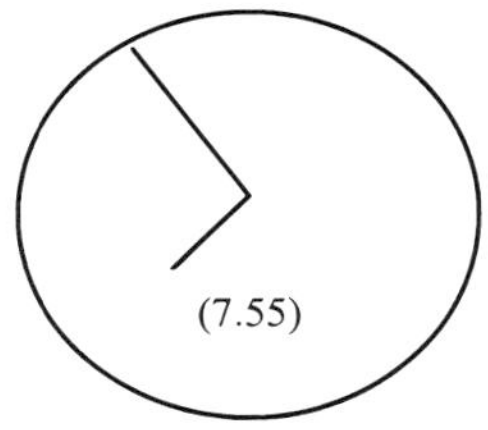

______________________________ ______________________________

Treigladau eto! Mutations again!

Note the soft mutation (*treiglad meddal)* - following yn (but never with verbs)
Mae hi'n bedwar o'r gloch and after 'i' (cofiwch 'i' Gymru) pum munud i <u>b</u>ump

Treiglad eto!

1) Even though the direct question, takes a mutation,
Godoch chi?
there is no mutation after
Faint o'r gloch codoch chi?
There is a mutation after
'Pwy' and 'Beth'
Pwy goginiodd?

Gofynnwch gwestiynau i'ch partner yn y gorffennol (*in the past tense*) yn dechrau gyda'r 'faint o'r gloch'

?	Ateb
codi heddiw	am ______________________
bwyta brecwast	am ______________________
codi ddoe	am ______________________
bwyta cinio ddoe	am ______________________
gwisgo ddoe	am ______________________

Yn olaf (finally), *dilynwch y patrwm*. Follow the pattern, *gyda'ch partner*, to create questions beginning with *faint o'r gloch*:

1. golchi + nhw + y llestri? ____Faint o'r gloch golchon nhw'r llestri?
2. Faint o'r gloch + darllen + hi + y papur? ______________________
3. Faint o'r gloch + agor + chi + y post? ______________________
4. Faint o'r gloch + bwyta + e + brecwast? ______________________
5. Faint o'r gloch + codi + ni ______________________
6. Faint o'r gloch + chwarae + ti + pêl-droed? ______________________
7. Faint o'r gloch + edrych + chi + ar y teledu? ______________________
8. Faint o'r gloch + ffonio + nhw? ______________________
9. Faint o'r gloch + parcio + ni + y car? ______________________
10. Faint o'r gloch + golchi + e + y llestri? ______________________

RE CAP

1. **Dych chi wedi dysgu:**

   1. *Questions in the past tense* - Treiglad Meddal
      e.e. Lwyddoch chi? Do/Naddo.
   2. Yr Amser ar y cloc.
   3. Faint o'r gloch codoch chi?

2. **Geirfa**

allan	-	*out*	golchi	-	*to wash*
ymlaen	-	*on(wards)*	llwyddo	-	*to succeed*
aelod	-	*member*	mynnu	-	*to insist*
dŵr	-	*water*	rhoi	-	*to put, give*
llestri	-	*dishes*	diwetha	-	*last*
wythnos	-	*week*			

1. **Atebwch y cwestiynau:**

Dych chi'n gweithio? ____________________

Weithioch chi ddoe? ____________________

Godoch chi cyn deg o'r gloch heddiw? ____________________

Oes car gyda chi? ____________________

Gerddoch chi i'r dosbarth? ____________________

Ydy'r tiwtor yn dod o Gymru? ____________________

Dych chi'n byw yn Llanelli? ____________________

Edrychoch chi ar y teledu neithiwr? ____________________

Oes llyfr Cymraeg gyda chi? ____________________

Dych chi'n mynd allan yfory? ____________________

2. **Y tro hwn, ysgrifennwch y cwestiynau /** ***This time make up the questions***

____________________? DO

____________________? NAC YDW

____________________? NADDO

____________________? OES

____________________? YDY

____________________? YDW

____________________? NAC OES

____________________? DO

____________________? NAC YDY

____________________? YDW

3. **Ysgrifennwch yr amser:**

____________________ **4 10** 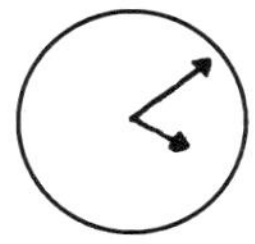

____________________ **3 40** 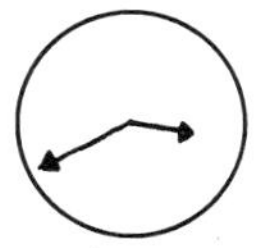

____________________ **11 55** 

____________________ **4 40** 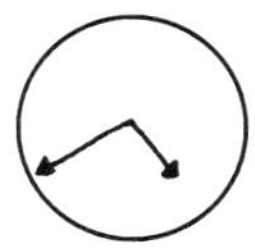

____________________ **5 10** 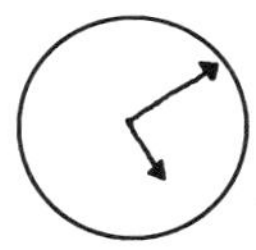

____________________ **1 50** 

____________________ **8 15** 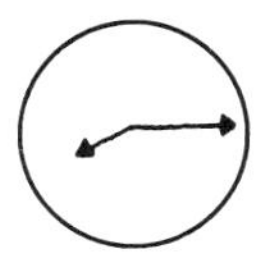

____________________ **10 15** 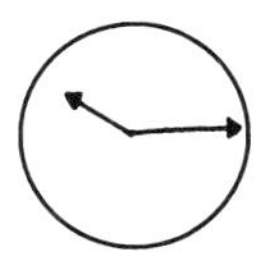

4. ***Nodwch bump* useful words / phrases from this *uned*.**

un ______________________________

dau ______________________________

tri ______________________________

pedwar ______________________________

pump ______________________________

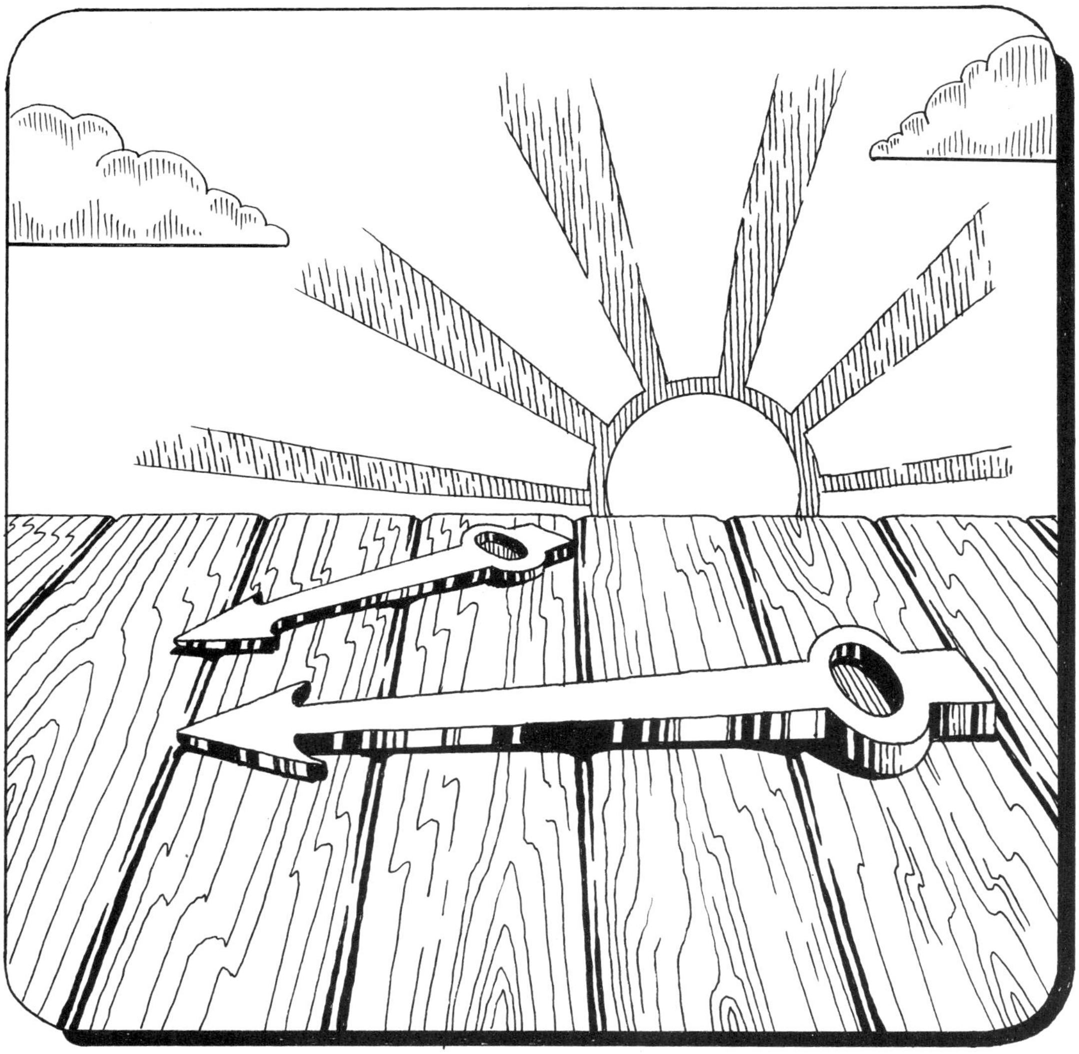

UNED UN AR DDEG

Y NEGYDDOL YN Y GORFFENNOL / *THE NEGATIVE IN THE PAST*

A. Adolygu

B. Negyddol / *Negative*

Nofiais i → I swam
Nofiais i ddim → I didn't swim

ddim tells us it's negative

Nofiais i [ddim] → ___

Smociais i [ddim]

Smwddiais i [ddim]

Seiclais i [ddim]

Chwaraeais i [ddim]

Translate:

We swam ______________________

We didn't swim ______________________

She ironed ______________________

She didn't iron ______________________

They smoked ______________________

They didn't smoke ______________________

DDOE		ECHDDOE
Edrychais i ar y teledu ddoe	OND	edrychais i ddim ar y teledu echddoe
Edrychon nhw ar y ffilm ddoe	OND	edrychon nhw ddim ar y ffilm echddoe
Agorodd e 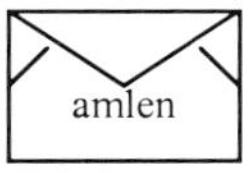 ddoe	OND	________________
Ffoniais i ffrind ddoe	OND	________________
Seiclodd hi i'r gwaith ddoe	OND	________________
Siopaist ti yn Asda ddoe	OND	________________
Yfon ni wisgi ddoe	OND	________________
Helpoch chi yn yr ardd (*garden*) ddoe	OND	________________
Nofiodd e yn y môr ddoe	OND	________________

C. Beth ydy'r berfau yma? / *What are these verbs?*

 ________________

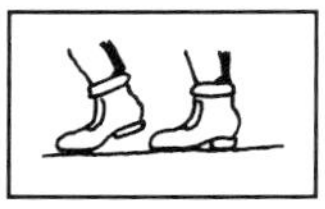 ________________

____

 ________________

 ________________

 ________________

 ________________

 ________________

 ________________

 ________________

 ________________

____

* *Nawr* tell your *partner* that you did *pump* of these things *ddoe* and the other *pedwar echddoe*.

Mae Jon yn ddiog (*lazy*!) Wnaeth e ddim byd ddoe! *He did nothing* ddoe!

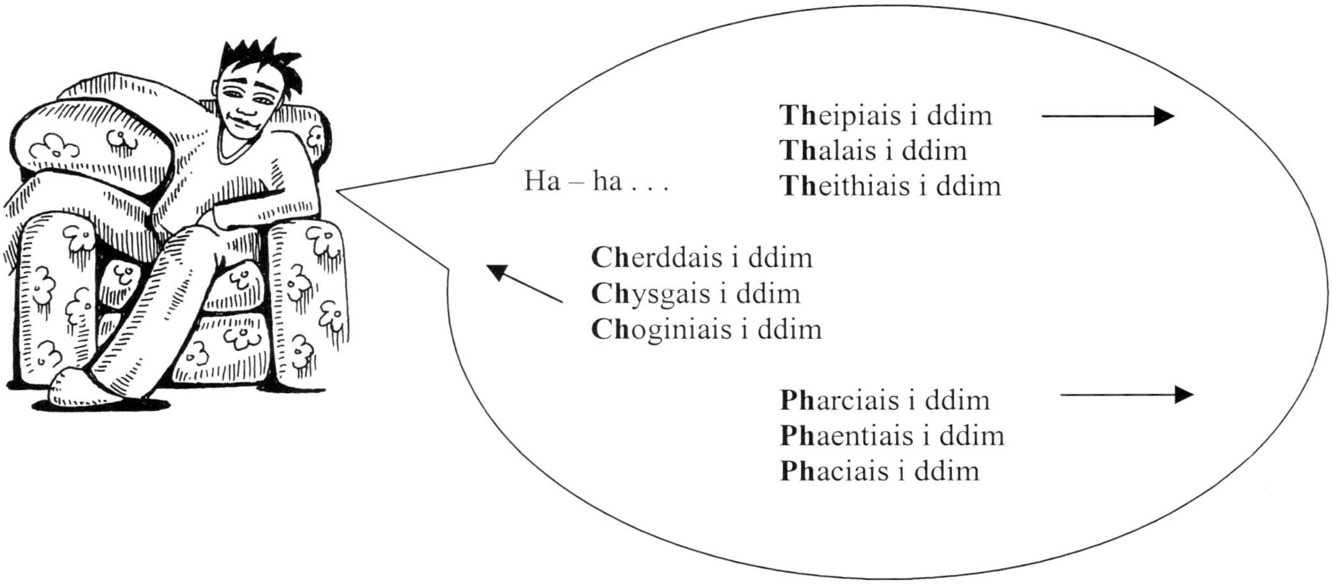

When we turn a verb in the past
tense into the negative
we change

- Th
- Ch
- Ph

This is called an aspirate mutation (*Treiglad llaes*)

Trowch i'r negyddol / *Turn to the negative*

Teipiodd e ____________________

Talon ni ________________

Teithion nhw ________________

Cerddodd hi ________________

Cysgoch chi ________________

Coginiaist ti ____________________

Pwyntiais i ________________

Pacion ni ____________________

Parciodd e ____________________

add an 'h' + ddim

So: we have changed 

- Th
- Ch
- Ph

OND *what happens to:*

Blinkin		**Ll**ywelyn		
Good	+	**M**arried		this time?
Disinfectant		**Rh**iannon		

Ch.

Cofiwch:

?

Darllen	-	Ddarllenaist ti?
Gofyn	-	Ofynnaist ti?
Bwyta	-	Fwytaist ti?
Mynnu	-	Fynnaist ti?
Rhoi	-	Roiaist ti?
Llwyddo	-	Lwyddaist ti?

the same happens in the negative:

—

Ddarllenaist ti ddim
Ofynnaist ti ddim
Fwytaist ti ddim
Fynnaist ti ddim
Roiaist ti ddim
Lwyddaist ti ddim

Say 'he didn't' each time:

 Dawnsio ____Ddawnsiodd e ddim____

 Golchi ______________________

 Blasu (*to taste*) ______________________

 Mwynhau ______________________

 Rhedeg (*to run*) ______________________

 Lladd (*to kill*) ______________________

D. Edrychwch ar y brawddegau yma (*look at these sentences*) gyda'ch partner

Talais i am tocyn - I paid for the ticket
Thalais i ddim am y tocyn - I didn't pay for the ticket

Clywais i am y rhaglen - I heard about the programme
Chlywais i ddim am y rhaglen - I didn't hear about the programme

Prynais i fara - I bought bread
Phrynais i ddim bara - I didn't buy bread

Bwytais i frecwast - I ate breakfast
Fwytais i ddim brecwast - I didn't eat breakfast

Gyrrais i i'r dref - I drove to town
Yrrais i ddim i'r dref - I didn't drive to town

Daliais i fws - I caught a bus
Ddaliais i ddim bws - I didn't catch a bus

Llwyddais i - I succeeded
Lwyddais i ddim - I didn't succeed

Mynnais i weld y bos - I insisted on seeing the boss
Fynnais i ddim gweld y bos - I didn't insist on seeing the boss

Rhedais i yn y ras - I ran in the race
Redais i ddim yn y ras - I didn't run in the race

As you will see from the above, *mae dau dreiglad yn y negyddol* (there are two mutations in the negative). If the verb begins with T,C,P – there is the *treiglad llaes* (aspirate mutation) but if it begins with D,G,B,M,Ll,Rh we have the *treiglad meddal* (soft mutation). Note also how there is no *treiglad meddal* following the negative.
'Ces i frecwast y bore' ma'.
'Ches i ddim brecwast y bore 'ma'

Gyda'ch partner, make a list of *pump o fwydydd* (five foods) neither of you ate *ddoe*. *Trafodwch yn Gymraeg*. Discuss everything in Welsh. *Rhaid i chi ofyn i'ch partner* first of all to discover what they didn't eat.

e.e. Fwytoch chi stêc?
Fwytaist ti stêc? **DO/NADDO**

Y GWANWYN (*Spring*)

YR HAF (*Summer*)

YR HYDREF (*Autumn*)

Y GAEAF (*Winter*)

What didn’t they do in each *tymor* (season)?

GARETH

Welais i ddim gêm rygbi

____

____

Wisgais i ddim siwmper

____

____

HELEN

HUW

Ddarllenais i ddim llyfr

careful*

____

____

Nofiais i ddim yn y môr

____

____

GWEN

Say 3 *pheth* you did / didn’t do:

+	—
______________ yr haf diwetha	______________ yr hydref diwetha
______________ yr haf diwetha	______________ yr hydref diwetha
______________ yr haf diwetha	______________ yr hydref diwetha
______________ y gaeaf diwetha	______________ y gwanwyn diwetha
______________ y gaeaf diwetha	______________ y gwanwyn diwetha
______________ y gaeaf diwetha	______________ y gwanwyn diwetha

RECAP

1. **Dych chi wedi dysgu:**

1) Nofiais i ddim
Smwddiais i ddim
Seiclais i ddim

2) Thalon ni ddim
Chysgon ni ddim
Phacion ni ddim

T - Th
C - Ch
P - Ph

Treiglad Llaes
(*Aspirate Mutation*)

3) Ddysgon ni ddim
Ofynnon ni ddim
Fwyton ni ddim
Fynnon ni ddim
Roion ni ddim
Lwyddon ni ddim

D - Dd
G - /
B - F
M - F
RH - R
LL - **L**

Treiglad Meddal
(*Soft Mutation*)

4) Y Tymhorau (*Seasons*)

2. **Geirfa**

Gwanwyn	-	*Spring*
Haf	-	*Summer*
Hydref	-	*Autumn*
Gaeaf	-	*Winter*
y llynedd	-	*last year*
tymor	-	*season*
gardd	-	*garden*
tân	-	*fire*
gormod	-	*too much*

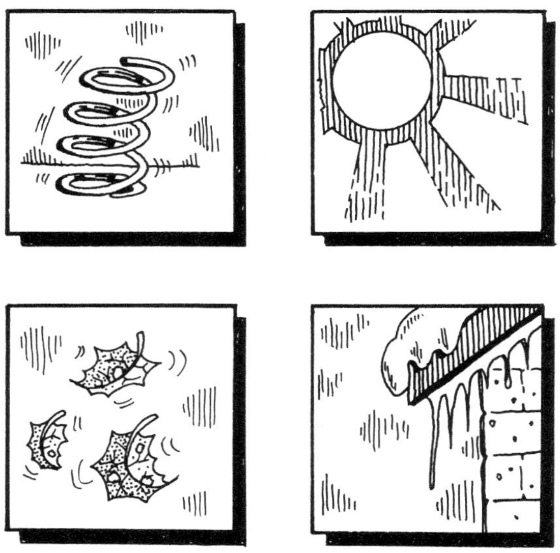

UNED UN AR DDEG - HELP YOURSELF – GARTRE

1) **Trowch i'r negyddol:**

Dysgais i	____________	Smociodd e	____________
Bwytodd e	____________	Dawnsiaist ti	____________
Talon ni	____________	Cerddon nhw	____________
Cysgodd hi	____________	Paentioch chi	____________
Ffonion nhw	____________	Rhoiais i	____________
Parciais i	____________	Siaradon nhw	____________

2) **Cerdyn post Gareth**

Darllenwch y cerdyn ac atebwch y cwestiynau:

Annwyl Mair,

Sut wyt ti? Dw i'n cael amser da ac mae'r tywydd yn braf. Ddoe, codais i am ddeg o'r gloch a nofiais i yn y pwll cyn brecwast. Darllenais i nofel trwy'r prynhawn a bwyta ac yfed gormod (*too much*) gyda'r nos.

Dyna sioc!

Cariad,

Gareth

Mair Jones
35 Stryd y Llan
Llanaber
Cymru

2b. Atebwch y cwestiynau:

1. Ydy Gareth yn cael amser da?

____

2. Ydy'r tywydd yn oer?

____

3. Gododd e am naw o'r gloch ddoe?

____

4. Nofiodd e yn y môr?

____

5. Ddarllenodd e trwy'r bore?

____

6. Fwytodd e ormod?

____

3. *Nodwch bump* useful words / phrases from this *uned*.

un ______________________________

dau ______________________________

tri ______________________________

pedwar ______________________________

pump ______________________________

UNED DEUDDEG

MYND – AMSER GORFFENNOL / (ES I)

TO GO – PAST TENSE / (I WENT)

A. Fy Nyddiadur, Dydd Sadwrn Mis Ionawr (*January*) 1999

Ddoe, codais i am wyth o'r gloch a golchais i'r car. Roedd hi'n braf  . Es i i siopa yn Tesco gyda fy ffrind Sara yn y bore, ac aethon ni i gaffi bach i gael cinio. Bwytais i salad ham ac yfais i win coch  . Es i adre i weithio yn yr ardd yn y prynhawn. Wedyn, am bedwar o'r gloch es i i'r ganolfan hamdden i nofio. Nofiais i am ddwy awr ac wedyn es i i'r dafarn gyda fy nghariad ♥. Gofynnodd e "Ble est ti heddiw?" "Wel, es i siopa, es i i gaffi, i gael ginio ac es i i nofio. "Ble est ti Tomos?" "Es i i'r gwaith ac es i i weld ffrind" Ar ôl y dafarn aethon ni i ddisgo ac aethon ni adre am un o'r gloch y bore.

Beth ydy? / *What is?*

I went shopping ____________________

I went to the pub ____________________

I went swimming ____________________

I went to the leisure centre ____________________

I went to see a friend ____________________

I went to work ____________________

I went home ____________________

We went to the disco ____________________

We went home ____________________

We went to a small café ____________________

Where did you go today? ____________________

I went	Es i
You went	Est ti
We went	Aethon ni

Ask 5 *o bobl* where they went *ddoe / neithiwr / echddoe*

Where	You went / Did you go	yesterday	?
↓	↓	↓	
Ble	est ti	ddoe	?

Enw	Ddoe	Echddoe	Dydd Sadwrn
1.			
2.			
3.			
4.			
5.			

Here are some possible answers:

Es i i'r gwaith	Es i i Abertawe
Es i i'r dafarn	Es i i Gaerdydd
Es i i'r banc	Es i i nofio
Es i i'r Ganolfan Hamdden	Es i i chwarae tenis
Es i i'r Swyddfa Bost	Es i i siopa
↓	↓
to the	to

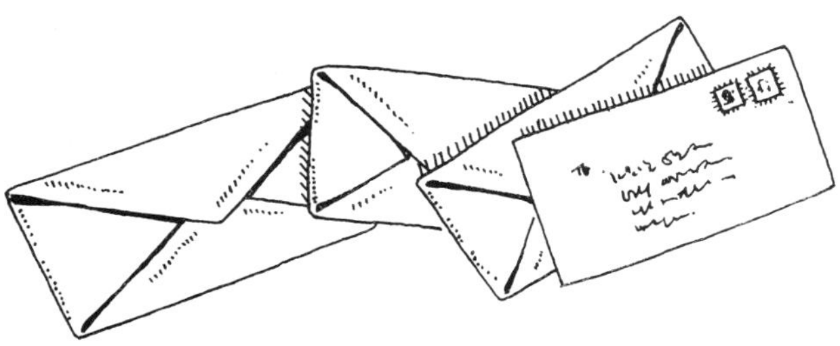

B. Dyma holiadur (*questionnaire)* Tim ar gyfer ei brosiect ysgol:

HOLIADUR

1. Ble aethoch chi ar wyliau yr haf diwethaf?	Aethon ni i Ffrainc
2. Ble aethoch chi i siopa yr wythnos diwethaf?	Aethon ni i Safeway
3. Pryd aethoch chi i nofio ddiwethaf?	_______________ i nofio dydd Mawrth
4. Pryd aethoch chi i'r dafarn ddiwethaf?	_______________ i'r dafarn neithiwr
5. Sut aethoch chi i'r gwaith ddoe?	_______________ yn y car
6. Sut aethoch chi i'r dafarn ddiwethaf?	_______________ ar y bws
7. Aethoch chi i'r capel dydd Sul?	Do, _______________ i'r capel dydd Sul
8. Aethoch chi i'r banc ddoe?	Naddo, _______________ i ddim i'r banc ddoe

CANLYNIADAU (*RESULTS*)

1. **Aethon nhw i Ffrainc ar wyliau haf**
2. _______________ i _______________ i siopa
3. _______________ i nofio dydd _______________
4. _______________ i'r _______________ neithiwr
5. _______________ i'r gwaith __________ y __________
6. _______________ i'r dafarn __________ y __________
7. _______________ i'r _______________ dydd Sul
8. _______________ i ddim i'r _______________ ddoe

Es i	-	I went
Est ti	-	You went (*friendly*)
_______	-	He/She went
Aethon ni	-	We went
Aethoch chi	-	You went (*formal*)
Aethon nhw	-	They went

All the above can be used to ask a *cwestiwn* as well as to express a positive statement. All you have to do is change your voice to make it sound like a *cwestiwn*. Your *tiwtor* will help you with this.

Est ti (*you went*)	Est ti? (*did you go?*)
Aethoch chi (*you went*)	Aethoch chi? (*did you go?*)
Aethon nhw (*they went*)	Aethon nhw? (*did they go?)*

Mae Ceri yn gweithio fel air hostess i BA. Ble aeth e/hi y llynedd?

Aeth Ceri i Ffrainc ym mis Ionawr

Aeth Ceri i'r Caribî ym mis Chwefror

Aeth Ceri i Sbaen ym mis Mawrth

Aeth Ceri i Sweden ym mis Ebrill

Aeth Ceri i'r Almaen ym mis Mai

Aeth hi i'r Eidal ym mis Mehefin

Aeth hi i'r Alban ym mis Gorffennaf

Aeth hi i India ym mis Awst

Aeth hi i Nepal ym mis Medi

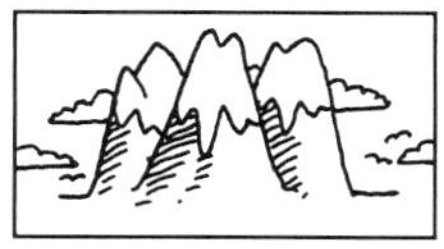

Aeth hi i Tseina ym mis Hydref

Aeth hi i America ym mis Tachwedd

Aeth hi i Hwngari ym mis Rhagfyr

Ble aeth hi ym mis Chwefror? ______________________________

Ble aeth Ceri ym mis Medi? ______________________________

Ble aeth hi ym mis Mehefin? ______________________________

Pryd aeth Ceri i Nepal? ______________________________

Pryd aeth Ceri i Hwngari? ______________________________

Pryd aeth Ceri i Ffranic? ______________________________

Mae'n *bosibl* to slot *cwestiwn* words like:
in front of the sentences

Ble?	-	*Where?*
Pryd?	-	*When?*
Sut?	-	*How?*
Gyda phwy?	-	*With who?*
Pam?	-	*Why?*
Faint o'r gloch?	-	*What time?*

+	?
I went ________________	Did I go ________________ ?
You went ________________	Did you go ________________ ?
He/She went ________________	Did he/she go ________________ ?
We went ________________	Did we go ________________ ?
They went ________________	Did they go ________________ ?

Think back to the last unit. Which word suggests the negative?

DDIM

There is no mutation this time because <u>E</u>s and <u>A</u>eth don't mutate / change

So, if (Es i) how do we make it negative?

I went

(I went) (negative word)

↓ ↓

Es i ddim

____

(He went) (negative word)

↓ ↓

____

(We went) (negative word)

↓ ↓

____

Turn these sentences into the negative:

Es i i'r parc	________________________________
Est ti i'r theatr	________________________________
Aeth e i'r sinema	________________________________
Aeth hi i'r dafarn	________________________________
Aethon ni i'r banc	________________________________
Aethoch chi i'r Swyddfa Bost	________________________________
Aethon nhw i'r Ganolfan Hamdden	________________________________

RE CAP

1. **Dych chi wedi dysgu:**

1)

+	?	—
Es i	Es i?	Es i ddim
Est ti	Est ti?	Est ti ddim
Aeth e/hi	Aeth e/hi?	Aeth e/hi ddim
Aethon ni	Aethon ni?	Aethon ni ddim
Aethoch chi	Aethoch chi?	Aethoch chi ddim
Aethon nhw	Aethon nhw?	Aethon nhw ddim

2) Ionawr, Chwefror, Mawrth, Ebrill, Mai, Mehefin, Gorffennaf, Awst, Medi, Hydref, Tachwedd, Rhagfyr

Ionawr	Gorffennaf
Chwefror	Awst
Mawrth	Medi
Ebrill	Hydref
Mai	Tachwedd
Mehefin	Rhagfyr

2. **Geirfa**

parc	-	*park*	Canolfan Hamdden	-	*Leisure Centre*
theatr	-	*theatre*	pryd?	-	*when?*
sinema	-	*cinema*	i'r gwaith	-	*to work*
banc	-	*bank*	gwin coch	-	*red wine*
Swyddfa Bost	-	*Post Office*			

1. Mae Sara a Siwan yn y dafarn ac mae Sara yn dweud wrth (*tells*) Siwan beth wnaeth hi (*what she did*) dros y Sul (*over the weekend*). What is she saying?

2. Y noson honno (*that night*), mae Siwan ar y ffôn gyda Marged, ac mae Marged yn gofyn (*asks*) *where Sara went over the weekend. Tell Marged 4 things Sara did.*

3. Cyfieithwch / *Translate*:

We went ______________________

They didn't go ______________________

He went ______________________

You didn't go ______________________

She didn't go to the park ______________________

We went to the bank ______________________

I didn't go to the party ______________________

She went to France ______________________

They went to the Post Office ______________________

We didn't go to Penarth ______________________

4. Cyfieithwch:

Where? ____________ Why? ____________ How? ____________ When? ____________

With who? ____________

Ysgrifennwch y cwestiwn cywir (*correct*) gyferbyn (*opposite*) â'r ateb cywir.

______________________ ? Es i yn y car

______________________ ? Aethon nhw ddoe

______________________ ? Aeth e gyda Jac

______________________ ? Aethon ni i Abertawe

______________________ ? Aethon ni i barti pen-blwydd (*birthday*)

______________________ ? Es i echddoe

______________________ ? Aeth hi mewn tacsi

______________________ ? Es i i Sbaen

5. ***Nodwch bump*** **useful words/phrases from this** ***uned.***

un ____________________

dau ____________________

tri ____________________

pedwar ____________________

pump ____________________

UNED 13

GWNEUD – *TO MAKE*
DOD - *TO COME* / DOD Â – *TO BRING*
DIGWYDDIADAU YN Y GORFFENNOL
/EVENTS IN THE PAST

A. Adolygu

DECHRAU →	Beth ydy "I went shopping" yn Gymraeg?	Aethoch chi i'r dafarn yr wythnos diwetha?		Beth ydy "They went to the theatre" yn Gymraeg?	EWCH YN ÔL I'R DECHRAU ↓
Beth ydy "They didn't go to work" yn Gymraeg? ↓	EWCH YMLAEN 3	Sut aethoch chi adre o'r dosbarth Cymraeg diwetha?	Beth ydy "I didn't go to Spain" yn Gymraeg?	Ble aethoch chi ddoe? ←	Beth ydy "He went to the pub" yn Gymraeg?
Beth ydy "Did you go to England?" yn Gymraeg?	YMLACIWCH (*relax*)	Aethoch chi ar wyliau y llynedd? →	EWCH YMA	EWCH YN ÔL 2	Beth ydy "What time did they go to the bank?" yn Gymraeg? ↓
Beth ydy "Why did you go home?" yn Gymraeg? ↓	Beth ydy "We went to the park" yn Gymraeg?	Pryd aethoch chi i nofio ddiwetha?	Beth ydy "How did you to to the party?" yn Gymraeg?	Beth ydy "Did you go home?" yn Gymraeg? ←	Beth ydy "She didn't go to the bank" yn Gymraeg?
Beth ydy "He went home" yn Gymraeg? →	Beth ydy "How did they go to work?" yn Gymraeg?	Faint o'r gloch aethoch chi i'r gwely neithiwr?	EWCH YMA	Ble aethoch chi nos Sadwrn?	YMLACIWCH (Relax) ↓
DIWEDD	EWCH YMA	Beth ydy "Did they go to the Post Office?" yn Gymraeg?	YMLACIWCH (*relax*)		Pryd aethoch chi i siopa ddiwetha? ←

Llenwch y bylchau / *Fill in the blanks*:

I went __________________ We went __________________

You went __________________ You went __________________

He/She went __________________ They went __________________

B. **GWNEUD – *to make / to do***

To put this verb in the past tense ie. I made, He made, We made it is very *hawdd* (easy). We follow exactly the same pattern as MYND es i, est ti – but we put a GWN in front of it

GWNES I → I made / I did

HAWDD

Gwnes i ________ i	Gwn ____________ ni
Gwnest ________ i	Gwn ____________ chi
Gwn __________ e/hi	Gwn ____________ nhw

C. Beth wnaeth John ddoe?

Codais i am wyth o'r gloch a gwnes i'r gwely. Gwnes i frecwast llawn Gwnes i baned o goffi du . Bwytais i frecwast ac es i i'r gwaith yn y swyddfa, gwnes i waith ar y cyfrifiadur . Gwnes i alwadau ffôn . Gwnaeth y bos baned o de i mi i ginio a gwnes i frechdan gaws . Mmm! Bwytais i ginio ac wedyn gwnes i'r llestri

Ysgrifennwch (*Write*) beth wnaeth John. Ysgrifennwch 4 peth.

i) Gwnaeth e'r gwely – He made the bed

ii) ______________________________

iii) ______________________________

iv) ______________________________

v) ______________________________

CH. Y Cwestiwn a'r Negyddol (*Negative*)

Dych chi'n cofio? (Uned 11)

Gweithioch chi	➔	You worked
Weithioch chi	➔	Did you work?
Weithioch chi ddim	➔	You didn't work

Beth sy wedi digwydd i'r 'g'?
What has happened to the 'g'? Soft Mutation

Sut mae dweud?

Gwnaethoch chi?	➔	You made
______________	➔	Did you make?
______________	➔	You didn't make

Turn the following into the *cwestiwn* and negative:

+	?	—
Gwnes i	______________	______________
Gwnest ti	______________	______________
Gwnaeth e/hi	______________	______________
Gwnaethon ni	______________	______________
Gwnaethoch chi	______________	______________
Gwnaethon nhw	______________	______________

Ateb: **Do ✓ Yes (past)** **Naddo ✗ No (past)**

D. Dod / To Come

Cofiwch ! Gwn in front of I went (*es i*). Well, to form the past tense of **'dod'** (*to come*) and **dod â** (to bring) all you do is put a **D** in front.
e.e.

<u>Des i</u> ➔ I came

Can you finish the pattern:

D es i ___________	D ___________ ni ___
D est ti ___________	D ___________ chi ___
D ___________ e/hi	D ___________ nhw ___

Beth am y cwestiwn?

Cofiwch Soft Mutation: D → **Dd**est ti i'r dosbarth yn y car?
Ddaethoch chi i'r dosbarth ar y bws?

Des i i'r dosbarth	ar y trên ar y bws ar feic ar feic modur yn y car mewn tacsi	am dri o'r gloch am bump o'r gloch am ddeg o'r gloch am wyth o'r gloch am hanner awr wedi pedwar am hanner awr wedi saith	ddoe dydd Llun dydd Mawrth dydd Mercher dydd Iau dydd Gwener

Choose *un elfen* (one element) from each *colofn e.e.*:

Des i i'r dosbarth ar feic am wyth o'r gloch ddoe

to create a sentence + jot it down below:

Des i i'r dosbarth ____

____

Nawr, guess what your partner has written by asking "*Ddaethoch chi i'r dosbarth yn y car*?" and so on until you get the answer '*Do*' to your *cwestiwn* in each one of the *tair colofn* (column)

Dd. Dod â / *To Bring*

Des i	-	I came	Daeth e	-	He came
Des i â	-	I brought	Daeth e â	-	He brought

All we do is put an 'â' after 'dod' (*to come*). The literal translation would be – to come (*dod*) with (â) ie:- to bring

e.e.

I came with wine
Des i â gwin
ie: I brought wine

after â, there is an aspirate mutation (*uned 11*)

- th
- ch
- ph

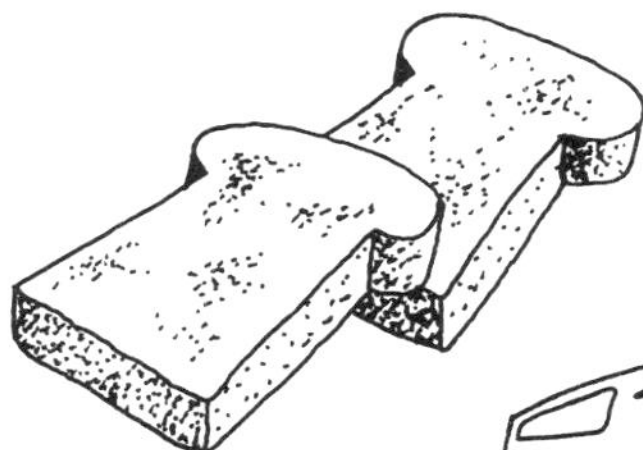

Des i â thost

Des i â char

Des i â phensil

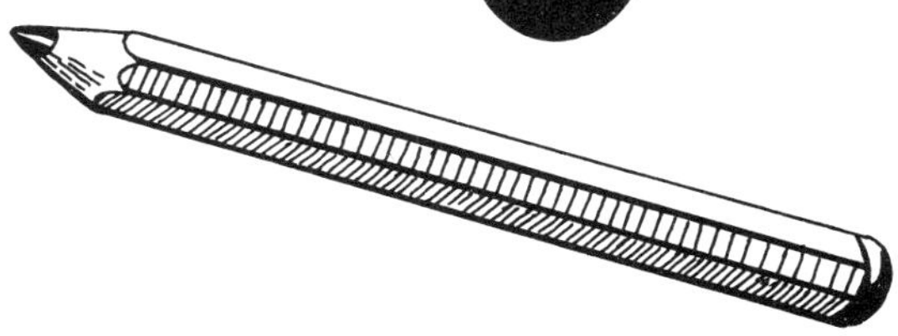

BUT

â + vowel
a e i o u w y = ag

e.e. Des i ag afal

Des i ag oren

RE CAP

1. **Dych chi wedi dysgu**:

1)

+	?	—
Gwnes i	Wnes i?	Wnes i ddim
Gwnest ti	Wnest ti?	Wnest ti ddim
Gwnaeth e/hi	Wnaeth e/hi?	Wnaeth e/hi ddim
Gwnaethon ni	Wnaethon ni?	Wnaethon ni ddim
Gwnaethoch chi	Wnaethoch chi?	Wnaethoch chi ddim
Gwnaethon nhw	Wnaethon nhw?	Wnaethon nhw ddim

2)

+	?	—
Des i	Ddes i?	Ddes i ddim
Des ti	Ddest ti?	Ddest ti ddim
Daeth e/hi	Ddaeth e/hi?	Ddaeth e/hi ddim
Daethon ni	Ddaethon ni?	Ddaethon ni ddim
Daethoch chi	Ddaethoch chi?	Ddaethoch chi ddim
Daethon nhw	Ddaethon nhw?	Ddaethon nhw ddim

3)

Des i â	Ddes i â . . . . . ?	Ddes i ddim â . . . . .
Dest ti â	Ddest ti â . . . . . ?	Ddest ti ddim â . . . . .

2. **Geirfa**

galwadau ffôn	-	*phone calls*	gwneud	-	*to make / do*
brechdanau	-	*sandwiches*	dod	-	*to come*
cyfrifiadur	-	*computer*	dod â	-	*to bring*
beic modur	-	*motor bike*			

UNED UN DEG TRI - HELP YOURSELF – GARTRE

1. Atebwch y cwestiynau:

i) Sut daethoch chi i'r dosbarth heddiw?

____

ii) Ble aethoch chi ar eich gwyliau diwethaf?

____

iii) Beth wnaethoch chi ddoe?

____

iv) Ddaethoch chi â phapur a phensil i'r dosbarth heddiw?

____

v) Beth wnaethoch chi i swper neithiwr?

____

2. Llenwch y bylchau:

______________ i ddim ag anrheg pen-blwydd (*birthday present*).

Wnaethoch ______________ dost i frecwast?

Beth ______________ e prynhawn ddoe?

______________ nhw ddim byd (*nothing*) dydd Llun

______________ ti i'r parti mewn tacsi?

______________ ni ddim i'r dosbarth Cymraeg diwetha.

Sut ______________ e i'r gwaith?

3. Ysgrifennwch y cwestiwn neu'r ateb:

______________________________	-	Des i ar y bws
Pryd dest ti i'r dosbarth?	-	______________________________
Beth wnaethon nhw i ginio ddoe?	-	______________________________
______________________________	-	Gwnaeth e goffi am un ar ddeg
Ddest ti i'r dosbarth diwetha?	-	______________________________
______________________________	-	Do, daeth e â photelaid o win i'r parti
______________________________	-	Naddo, wnes i ddim tost y bore 'ma

4. *Nodwch bump* useful words / phrases from this *uned.*

un ______________________________

dau ______________________________

tri ______________________________

pedwar ______________________________

pump ______________________________

UNED 14

CAEL – *TO HAVE*

A.

Ces i ddisgo gwych!

Gest ti lawer o anrhegion?
Did you have lots of presents?

Ces i gar gan dad 

Ces i gyfrifiadur gan Siân 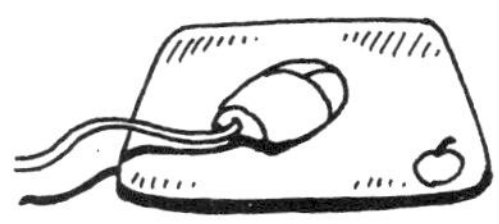

Ces i sanau gan Beti 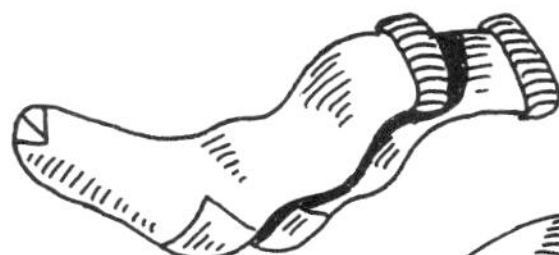

Ces i recordiau gan Bedwyr 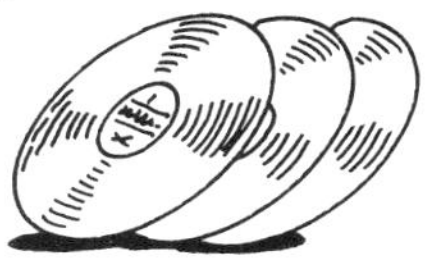

Ces i lyfr gan Lisa 

Dw i'n lwcus iawn!

B. **Beth gawsoch chi ar eich pen-blwydd diwetha? / *What did you have on your last birthday?***

____

Beth gafodd Iwan ar ei ben-blwydd e?

Cafodd e ddisgo gwych!

Cafodd e ________________ gan dad.

__________ gyfrifiadur gan Siân

________________ ________________ gan Beti

________________ ________________ gan Bedwyr

________________ ________________ gan Lisa

Cafodd Iwan barti pen-blwydd yn y Clwb Rygbi yn Nhreorci ar nos Wener. Cafodd e a'i ffrindiau amser da iawn. Cawson nhw lawer o gwrw a gwin a fodca a wisgi ond chawson nhw ddim bwyd yn y parti. Aethon nhw i'r Raj Balti ar ôl y disgo. Cawson nhw gyrri a reis yno cyn mynd adref i'r gwely.

Atebwch y cwestiynau:

Ble cafodd Iwan barti? ________________________________

Pryd cafodd Iwan barti? ________________________________

Gawson nhw amser da? Do ✓ Naddo ✗ ______________________

Beth gawson nhw i yfed yn y parti? __________________________

Ble cawson nhw fwyd? ________________________________

Beth gawson nhw i fwyta yn y Raj Balti? ________________________

YN Y PARTI

Cawson nhw
ormod (*too much*)
o alcohol

Cawson nhw
ormod
o fwyd!

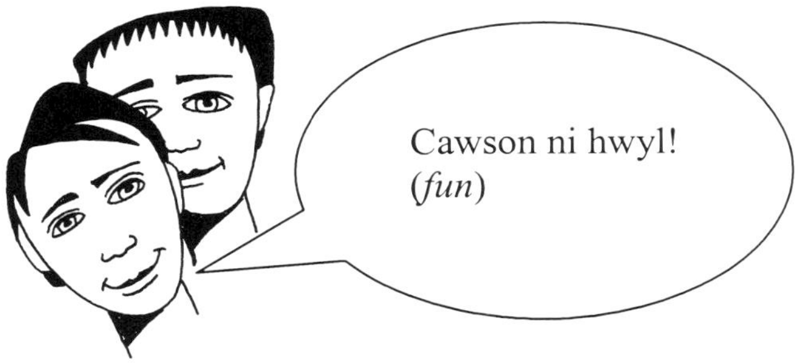

Cawson nhw
amser da!

Llenwch y bylchau:

____________	I had
Cest ti	You had
____________	He/She had
____________	We had
Cawsoch chi	You had
____________	They had

C. To turn the above statements into *cwestiynau* all we do is change the C → G = ? (*soft mutation*)

C ⟶ G = ?

e.e.	Gest ti barti Iwan?	Do ✓
	Gest ti gwrw Iwan?	Do ✓
	Gawsoch chi wisgi Mair a Megan?	Naddo X

Gofynnwch i bump aelod o'r dosbarth beth gawson nhw (what they had) *i frecwast, i ginio, i de ac i swper ddoe.*

If you had nothing, you can simply say
dim byd - nothing

	Enw	i frecwast	i ginio	i de	i swper
1.					
2.					
3.					
4.					
5.					

Ysgrifennwch isod (write below) *beth gafodd un person*:

I frecwast ____________

I ginio ____________

I de ____________

I swper ____________

Ch. **To turn statements into negatives all we do is change the C → Ch (*Aspirate Mutation*)**

C ⟶ Ch = —

e.e. Chafodd Mair a Megan ddim wisgi
Chafodd Iwan ddim popadums
Ches i ddim parti y llynedd

?	hi	cwrw	?
Gafodd	hi	gwrw	?

—	i	cinio	
Ches	i	ddim	cinio

+	nhw	te
cawson	nhw	de

?	Jane	brecwast	?

____

+	nhw	wisgi

____

—	e	brechdan

____

?	ti	coffi	?

____

—	ni	gwin

____

+	i	caws

____

D. Adolygu

Gofynnwch i berson gwahanol (a different person) where they went, how they went and what they did for each of the following periods of time.

PRYD?	*ENW?*	*BLE?*	*SUT?*	*GWNEUD BETH?*
Neithiwr				
Echddoe				
Dydd Mawrth				
Nos Wener				
Dydd Sadwrn				

RE CAP

1. **Dych chi wedi dysgu**:

+	?	−
Ces i	Ges i?	Ches i ddim
Cest ti	Gest ti?	Chest ti ddim
Cafodd e/hi	Gafodd e/hi?	Chafodd e/hi ddim
Cawson ni	Gawson ni?	Chawson ni ddim
Cawsoch chi	Gawsoch chi?	Chawsoch chi ddim
Cawson nhw	Gawson nhw?	Chawson nhw ddim

2. **Geirfa**

mam-gu	-	*grandmother*	cyfrifiadur	-	*computer*
mam	-	*mother*	sanau	-	*socks*
tad	-	*father*	recordiau	-	*records*
anrheg	-	*present*			

UNED UN DEG PEDWAR - HELP YOURSELF - GARTRE

1. ***Yn anffodus* (unfortunately), this *cerdyn post* has been practically destroyed during transit. Fill in the gaps:**

Annwyl Bawb,

Dw i'n cael amser da yma yn y Swistir. Roedd hi'n braf echddoe felly (mynd) ______________ ni mewn

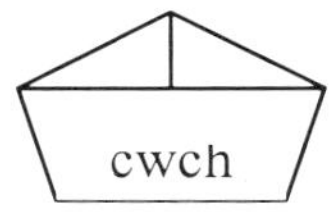

ar y llyn. (dod) ______________ ni'n ôl i'r gwesty yn wlyb iawn! Ddoe (codi) ______________ ni am saith o'r gloch a (cael) ______________ i frecwast llawn. (cael) ______________ Jim ddim byd. (mynd)______________ ni i sgio. (yfed) ______________ ni yn y bar neithiwr ac (mynd) ______________ i ddim i'r gwely tan 4 o'r gloch y bore.

Hwyl am y tro,

Chris

Y Dosbarth Cymraeg
Dewi Sant
Llanbed
Cymru

2. **Make the following into questions by using *Pryd, Ble, Sut, Pam, Gyda phwy, Faint o'r gloch*, or by mutating and making it a direct question.**

Cawson ni ginio ________________

Cawsoch chi hwyl ________________

Cawson nhw ffrae (*row*) ________________

Cafodd hi amser da ________________

Cest ti swper ________________

Cafodd e lifft ________________

Cawson ni gwrw ________________

Cest ti barti ________________

3. **Trowch / *Turn:***

+ > positive statement into
- > negative statement into
? > *cwestiwn* into
+ > positive statement, etc

Cawson ni gar newydd	>	(?)	Gawson ni gar newydd?	>	(-)	______________
Ches i ddim coffi	>	(+)	______________	>	(?)	______________
Gest ti win neithiwr?	>	(-)	______________	>	(+)	______________
Chafodd hi ddim cinio	>	(+)	______________	>	(?)	______________
Cawsoch chi anrheg hyfryd	>	(?)	______________	>	(-)	______________
Gawson nhw wyliau haf?	>	(-)	______________	>	(+)	______________
Chafodd e ddim brecwast	>	(+)	______________	>	(?)	______________
Cafodd e frechdan gaws	>	(?)	______________	>	(-)	______________
Gawsoch chi ffrae?	>	(-)	______________	>	(+)	______________

4. ***Nodwch bump* useful words/phrases from this *uned.***

un ________________________________

dau ________________________________

tri ________________________________

pedwar ________________________________

pump ________________________________

UNED UN DEG PUMP

FY NHEULU I, EICH TEULU CHI / *MY FAMILY, YOUR FAMILY*

A. **Adolygu**

Dw i'n briod â Siân

Dyn ni'n briod ♥ ♥

Dw i ddim yn briod

Dych chi'n briod? Ydw / Nac ydw
Ydyn / Nac ydyn

Wyt ti'n briod? Ydw / Nac ydw

Mae John yn briod

Dydy Jan ddim yn briod

Gofynnwch i bump yn y dosbarth whether they are *priod.*

	Enw	Priod?
1		
2		
3		
4		
5		

Nawr, gweithiwch (*work*) gyda phartner newydd *and report your findings.*

B. **TEULU TIM**

Mam - gu
Tad - cu
Modryb
Tad
Mam
Ewythr
Tim
Gwraig
cyfnither
Chwaer
brawd yng nghyfraith
cefnder
merch
mab
Nai
Nith

C.

Sali ydy enw fy mam-gu i

Bob ydy enw fy nhad-cu i

Rhiannon ydy enw fy mam i

Dafydd ydy enw fy nhad i

Siân ydy enw fy ngwraig

Llinos ydy enw fy chwaer i

Euros ydy enw fy mrawd-yng-nghyfraith i

Meinir ydy enw fy merch i

Rhun ydy enw fy mab i

Jên ydy enw fy modryb i

John ydy enw fy ewythr i

Delyth ydy enw fy nghyfnither i

Dylan ydy enw fy nghefnder i

Ifan ydy enw fy nai i

Marged ydy enw fy nith i

Atebwch:

Oes chwaer gyda chi? Beth ydy enw eich chwaer chi neu enwau eich chwiorydd chi?

____

Oes mab gyda chi? Beth ydy enw eich mab chi neu enwau eich meibion chi?

____

Oes merch gyda chi? Beth ydy enw eich merch chi neu enwau eich merched chi?

____

Oes brawd gyda chi? Beth ydy enw eich brawd chi neu enwau eich brodyr chi?

____

Find out the names of your classmates' family members:

ENW	**brawd**	**chwaer**	**mab**	**merch**

Ch. Fy ______________ i (M*y*)

Sut mae dweud?:

my grandfather ______________________

my cousin (*female*) ______________________

my brother in law ______________________

my wife ______________________

As you can see it's a nasal mutation

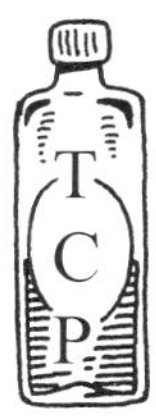

T → nh
C → ngh
P → mh

Blinkin' → m
Good → ng
Disinfectant → n

∴ fy +  mutation + i

Follow the *patrwm*:

tŷ	fy nhŷ i	car	______________	pensil	______________
teisen	______________	ci	______________	partner	______________
teledu	______________	cariad	______________	pêl	______________
brawd	______________	gŵr	______________	dosbarth	______________
beic	______________	gwraig	______________	dŵr	______________

Dych chi'n gweld y patrwm?

Sali	ydy	enw	fy	mam-gu	i
Bob	ydy	enw	fy	nhad-cu	i
Hafod	ydy	enw	fy	nhŷ	i
46	ydy	rhif	fy	nhŷ	i
Oren	ydy	lliw	fy	nrws ffrynt	i
Du	ydy	lliw	fy	nghar	i

Atebwch:

Beth ydy lliw eich car chi? ____________________

Beth ydy lliw eich drws ffrynt chi? ____________________

Beth ydy lliw eich llygaid chi? ____________________

gwyrdd glas brown

Beth ydy rhif eich tŷ chi? ____________________

E. Eich ________ chi *(Your)*

Sut mae dweud?:

(formal and plural)

your grandfather ____________________

your cousin (*female*) ____________________

your brother in law ____________________

your wife ____________________

YIPEE! No mutation this time!

Dd. **Dy __________ di (*Your [friendly]*)**

Beth ydy eich enw chi?

Beth ydy eich cyfeiriad chi?

Beth ydy eich rhif ffôn chi?

OND

Beth ydy dy enw di? (*informal*)

Beth ydy dy gyfeiriad di?

Beth ydy dy rif ffôn di?

Mae treiglad meddal	**T > D**	**B > F**	**M > F**
	C > G	**G > /**	**Ll > L**
	P > B	**D > Dd**	**Rh > R**
ar ôl 'dy'			

cyfeiriad - dy gyfeiriad di

Change *y cwestiynau o'r ffurfiol* (formal) *i'r anffurfiol* (informal):

Beth ydy enw eich tad chi? ____________________

Beth ydy eich cyfeiriad chi? ____________________

Beth ydy enw eich bos chi? ____________________

Beth ydy lliw eich drws ffrynt chi? ____________________

Beth ydy enw eich gŵr chi? ____________________

Beth ydy enw eich brawd chi? ____________________

Beth ydy enw eich mam chi? ____________________

Beth ydy enw eich llyfr chi? ____________________

Beth ydy eich rhif ffôn chi? ____________________

E. Manylion Personol / *Personal Details*

Nawr, a chance to revise and talk about *manylion personol* (personal details). Use the *holiadur* (questionnaire). *Bydd eich tiwtor yn mynd dros y cwestiynau* (your tutor will go over the questions) before you begin.

ENW	Byw	Cyfeiriad	Dod o	Gwaith	Teulu	Rhif ffôn

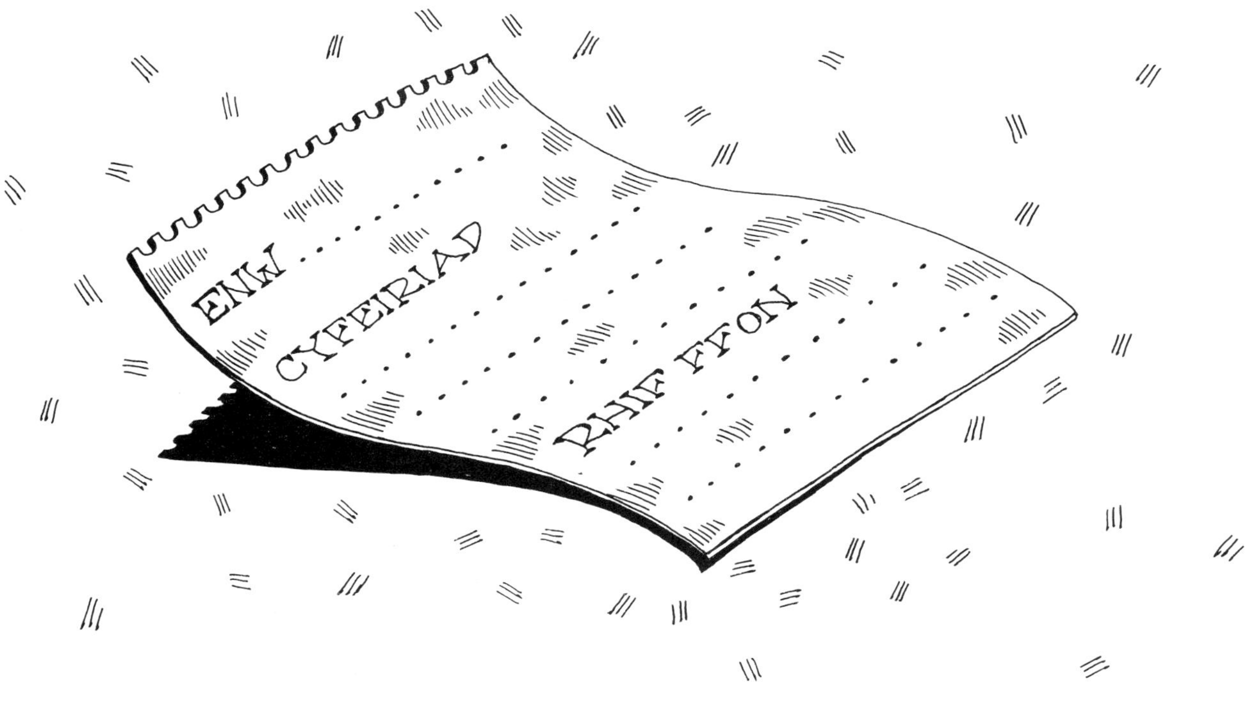

RE CAP

1. Dych chi wedi dysgu:

1)

FY ___ I	DY ___ DI	EICH ___ CHI
t - nh	t - d	Dim Treiglad
c - ngh	c - g	
p - mh	p - b	
b - m	b - f	
g - ng	g - /	*No mutation*
d - n	d - dd	
	ll - l	
	m - f	
	rh - r	
nasal	soft	
MY	YOUR	YOUR

2) Pattern: Sali ydy enw fy mam i
46 ydy rhif fy nhŷ i

2. Geirfa

tad-cu	-	*grandfather*	brawd	-	*brother*
modryb	-	*aunt*	chwaer	-	*sister*
ewythr	-	*uncle*	mab	-	*son*
gwraig	-	*wife*	merch	-	*daughter*
gŵr	-	*husband*	nai	-	*nephew*
cyfeiriad	-	*address*	nith	-	*niece*

UNED UN DEG PUMP - HELPWCH EICH HUN – GARTRE

1. Atebwch y cwestiynau:

Beth ydy enw eich doctor chi? ______________________

Beth ydy enw eich banc chi? ______________________

Beth ydy mêc eich coffi chi? ______________________

Beth ydy lliw eich carped chi? ______________________

Beth ydy rhif eich tŷ chi? ______________________

Beth ydy lliw eich gwallt chi? ______________________

2. Cyfieithwch / Translate

my television	______________	your motor bike (ti)	______________
my sandwich	______________	your front door (ti)	______________
my boyfriend	______________	your aunt (ti)	______________
my party	______________	your son (ti)	______________
my birthday	______________	your book (ti)	______________
my house	______________	your house (ti)	______________
my teacher	______________	your camera (chi)	______________
my baby	______________	your football (chi)	______________
my college	______________	your rice pudding (chi)	______________
my class	______________	your beer (chi)	______________
my office	______________	your sister (chi)	______________
my horse	______________	your presents (chi)	______________

3. Write the appropriate *cwestiwn*:

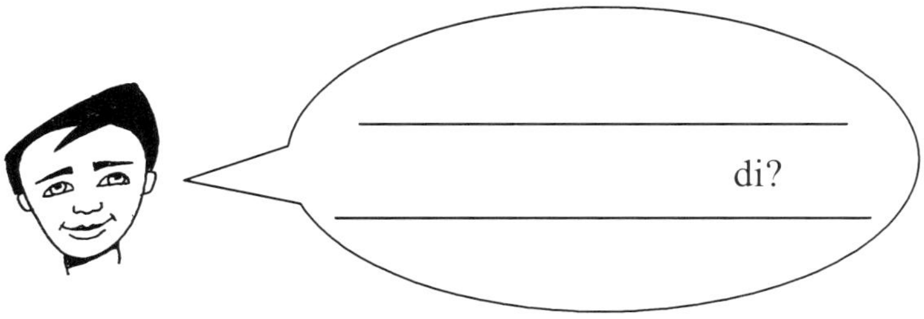

Coch ydy lliw
fy mrws dannedd i

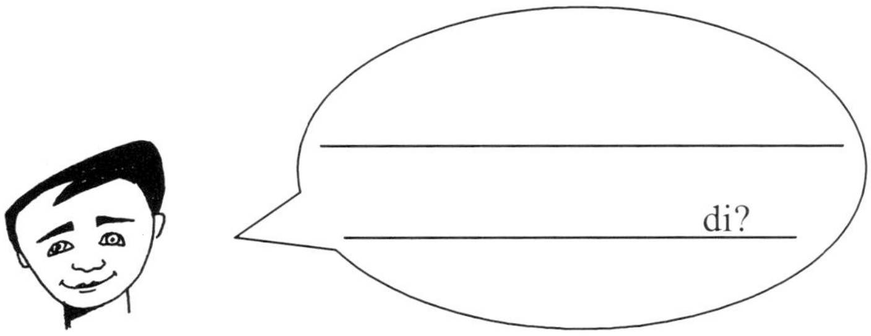

Glas ydy lliw
fy nrws cefn i

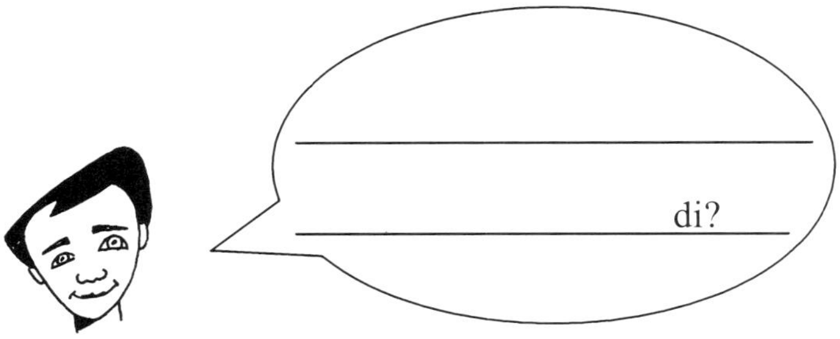

Pinc ydy lliw fy
ngwallt i

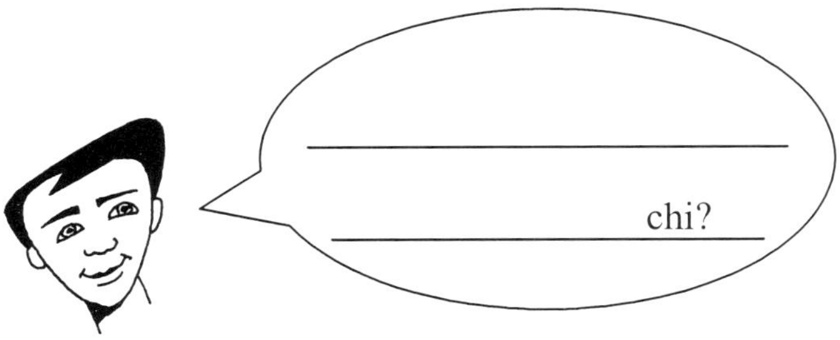

Gwyrdd ydy lliw
fy nghar i

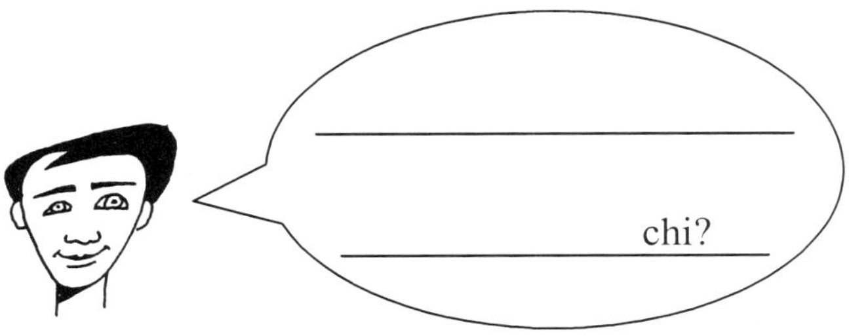

Siwan ydy enw
fy merch i

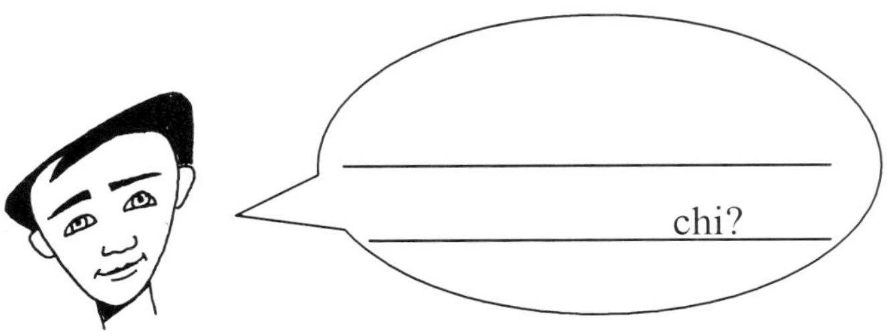

62 Stryd y Môr
ydy cyfeiriad
fy nhŷ i

4. Lliwiau / *Colours*

Beth ydy'r lliwiau?

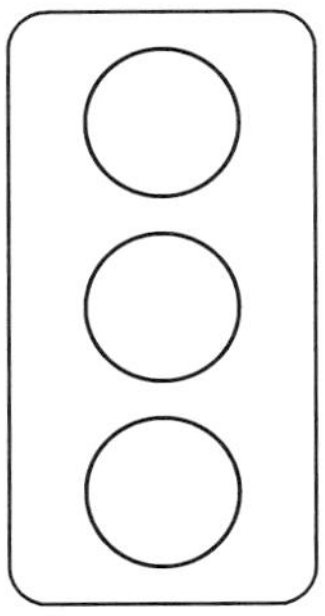

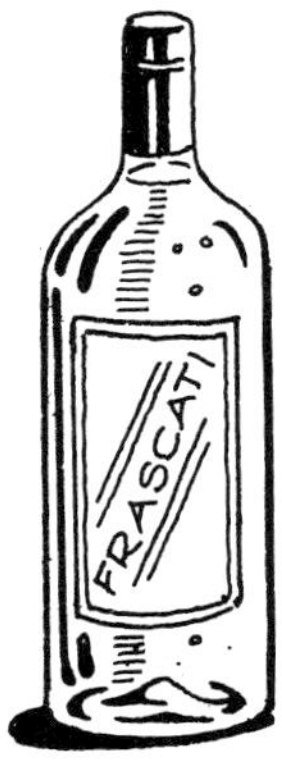

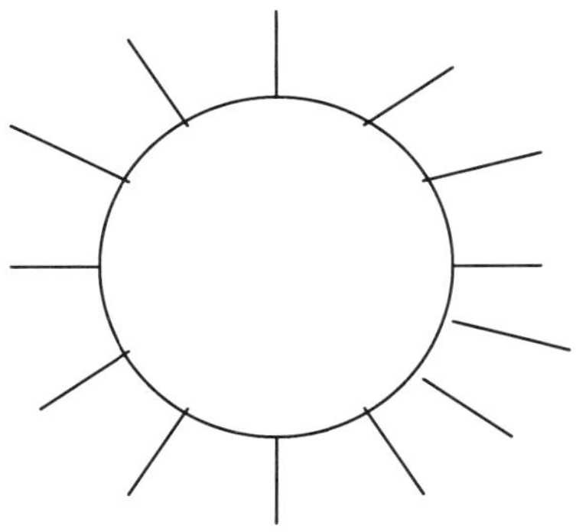

5. ***Nodwch bump* useful words / phrases from this *uned***

un ______________________________

dau ______________________________

tri ______________________________

pedwar ______________________________

pump ______________________________

UNED 16

***MUST* - RHAID**

A. Desg Siân

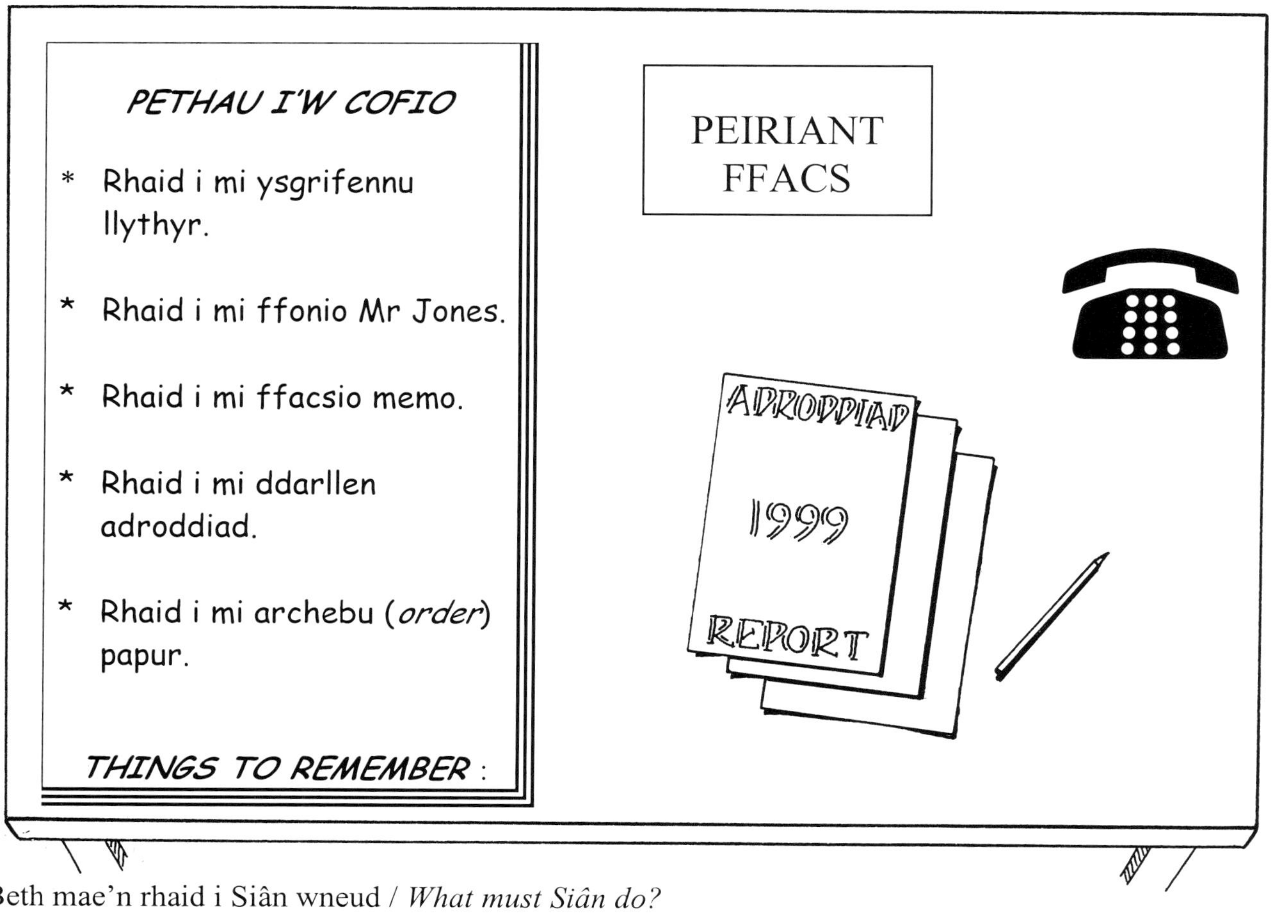

Beth mae'n rhaid i Siân wneud / *What must Siân do?*

*	Rhaid i Siân ysgrifennu llythyr	-	Siân must write a letter
*	______________________	-	Siân must phone Mr Jones
*	______________________	-	______________________
*	______________________	-	______________________
*	______________________	-	______________________

Jot down 4 *peth rhaid i chi wneud 'fory* (tomorrow).

Rhaid i mi ______________________ ______________________

______________________ ______________________

Notice the soft mutation

Rhaid i mi fynd
Rhaid i mi fwyta
Rhaid i mi goginio

Ask 3 *o bobl* what they must do?

Y cwestiwn: Beth mae'n rhaid i chi wneud?

ENW	Bore 'fory	Nos 'fory	Dros y Sul
1. 2. 3.			

Now tell *eich tiwtor chi* what one of your partners must do:

B. **We must / Rhaid i ni**

Dyn ni eisiau dysgu Cymraeg, felly,

rhaid i ni fynd i ddosbarth Cymraeg
rhaid i ni ymarfer siarad Cymraeg
rhaid i ni fwynhau
rhaid i ni wylio S4C
rhaid i ni wrando ar Radio Cymru
rhaid i ni ddarllen

Rhaid ________________ - I must

Rhaid ________________ - Siân must

Rhaid ________________ - We must

Rhaid ________________ - You must

How do you think you say 'You must' using 'ti? ______________________________

C.

RHEOLAU ARHOLIAD

Rhaid i chi gyrraedd am 9am.	____________________
Rhaid i chi ysgrifennu eich enw chi ar y papur.	____________________
Rhaid i chi wybod y rhif arholiad.	____________________
Rhaid i chi ddod â phapur a phensil.	____________________
Rhaid i chi eistedd ar gadair yn dawel.	You must sit quietly on a chair
....	
Rhaid i chi beidio â siarad.	You must not speak
Rhaid i chi beidio â dod â phapurau i'r stafell.	You must not bring papers into the room
Rhaid i chi beidio â bwyta.	____________________
Rhaid i chi beidio ag yfed.	____________________

Rhaid i mi – I must (There is a necessity for me . . . .)
is followed by a *treiglad meddal*
Rhaid i mi fynd
'Rhaid i mi' is NOT follwed by 'yn'

CH. Rhaid iddi hi / *She must*

Mae Anwen yn gweithio at yr arholiadau

Rhaid iddi hi ddysgu'r tablau

6x6	9x13
7x6	10x13
8x6	11x13

Rhaid iddi hi ddysgu'r treigladau

t	-	ng	b	-	m
c	-	ngh	g	-	ng
p	-	mh	d	-	n

Rhaid iddi hi ddysgu am Shakespeare

'To be or not to be'

Which *rheolau* must she obey in the *arholiad*?

Rhaid iddi hi wybod y rhif arholaid

______________________________ gyrraedd am 9am

______________________________ ddod â phapur a phensil

____

____

D. Rhaid iddo fe / *He must*

Cyn yr arholaid

Rhaid iddo fe ysgrifennu'r papur

Rhaid iddo fe ddysgu'r plant

Rhaid iddo fe helpu Anwen

Mr Williams
y prifathro

Diwrnod yr arholiad

What must he do?

Rhaid iddo fe godi ______________________

______________________________ ymolchi

______________________________ fwyta brecwast

______________________________ yrru i'r ysgol

DD. Rhaid iddyn nhw / *They must*

Rhaid i mi	I must
Rhaid i ti	You must
Rhaid iddo fe	He must
Rhaid iddi hi	She must
Rhaid i ni	You must
Rhaid i chi	You must
______________________	(They must)

E.

If  Rhaid i (chi) beidio â helpu (*You must not help*)

↓

Rhaid i (ti) beidio â helpu (*You must not*)

↓

Sut mae dweud?:

We must not help __________ ni __________

↓

I must not help ____________________

↓

He must not help ____________________

↓

She must not help ____________________

↓

They must not help ____________________

Beth mae'n rhaid iddyn nhw wneud?

____________________ gerdded 

____________________ feddwl 

____________________ fwyta 

F. Y Cwestiwn

Oes rhaid i ti weithio Dydd Sadwrn?	Oes ✓ Nac oes ✗
Oes rhaid i ti lanhau'r tŷ nawr?	✓ (*yes*) Oes, rhaid i mi lanhau'r tŷ nawr
Oes rhaid i chi eistedd yna?	✓ Oes, rhaid i ni eistedd yma
Oes rhaid i mi siopa?	________________
Oes rhaid iddi hi fynd i'r ysbyty?	________________
Oes rhaid iddo fe chwarae criced?	________________

FF. Y Negyddol

Oes rhaid i ti wneud rhywbeth? (*something*)

Nac oes, does dim rhaid i mi siopa . . . . does dim rhaid i mi lanhau'r tŷ . . . . does dim rhaid i mi smwddio . . . . does dim rhaid i mi weithio . . . . does dim rhaid i mi wneud dim byd . . . . dim ond ymlacio!

only

G.

Rhaid i mi — means → I must . . . .

and → I have to . . . . .

* Rhaid i mi beidio â → I must not . . . . .

* Does dim rhaid i mi → I don't have to . . . . . .

Rhaid i ti beidio â . . . .

Does dim rhaid i ti . . . .

Ask your partner if they have to do the following *dros y Sul*

* *Cofiwch* the mutation / *treiglad*

	✓ Oes	✗ Nac oes
siopa		
smwddio		
golchi'r car		
paentio'r tŷ		
glanhau'r tŷ		
garddio		
mynd i'r capel		
cwrdd â ffrind		
ffonio ffrind		

RECAP

1. **Dych chi wedi dysgu**:

+	?	—	—
I must / I have to	Must I / Do I have to?	I must not	I don't have to
Rhaid i mi Rhaid i ti Rhaid iddo fe Rhaid iddi hi Rhaid i ni Rhaid i chi Rhaid iddyn nhw	Oes rhaid i mi? Oes rhaid i ti? Oes rhaid iddo fe? Oes rhaid iddi hi? Oes rhaid i ni? Oes rhaid i chi? Oes rhaid iddyn nhw?	Rhaid i mi beidio â Rhaid i ti beidio â Rhaid iddo fe beidio â Rhaid i iddi hi beidio â Rhaid i ni beidio â Rhaid i chi beidio â Rhaid iddyn nhw beidio â	Does dim rhaid i mi Does dim rhaid i ti Does dim rhaid iddo fe Does dim rhaid iddi hi Does dim rhaid i ni Does dim rhaid i chi Does dim rhaid iddyn nhw

2. **Geirfa**

cwrdd â	- *to meet*	capel	- *chapel*
archebu	- *to order*	dim byd	- *nothing*
ffacsio	- *to fax*	rhywbeth	- *something*
prifathro	- *headmaster*	cyfrifiadur	- *computer*
adroddiad	- *report*		
arholiadau	- *exams*		

1. **Mae Llion wedi gadael '*post its*' yn y gegin i'w atgoffa fe (*remind him*) beth mae'n rhaid iddo fe wneud yr wythnos yma.**

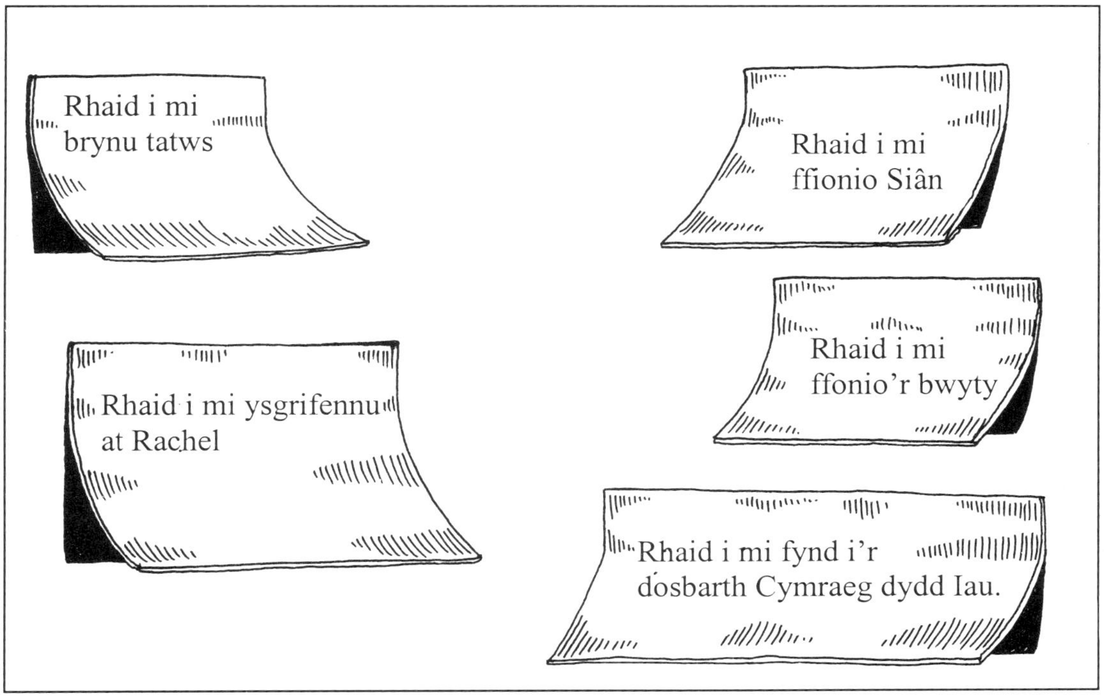

Beth mae'n rhaid iddo fe wneud?

1) ______________________________

2) ______________________________

3) ______________________________

4) ______________________________

5) ______________________________

2. **Atebwch y cwestiynau**:

Beth mae'n rhaid i chi wneud ar ôl y dosbarth?

____

Beth mae'n rhaid i chi wneud 'fory?

____

Beth mae'n rhaid i chi wneud dydd Sul?

____

Oes rhaid i chi weithio 'fory?

____

Oes rhaid i chi siopa 'fory?

____

Oes rhaid i chi siarad Cymraeg yn y dosbarth yr wythnos nesaf?

____

3. **What do the following signs say?**

Rhaid i chi beidio â smocio ______________________ ______________________

______________________ ______________________ ______________________

4. ***Nodwch bump*** **useful words/phrases from this** ***uned.***

un ______________________

dau ______________________

tri ______________________

pedwar ______________________

pump ______________________

UNED UN DEG SAITH

SALWCH - *ILLNESS*

A. Dw i'n dost / *I'm ill* - (*I've got a headache*)

Cofiwch: 'Mae [car] gyda fi' (*I've got a car*)

'Mae [pen tost] gyda fi' (*I've got a headache*). *The pattern is the same.*

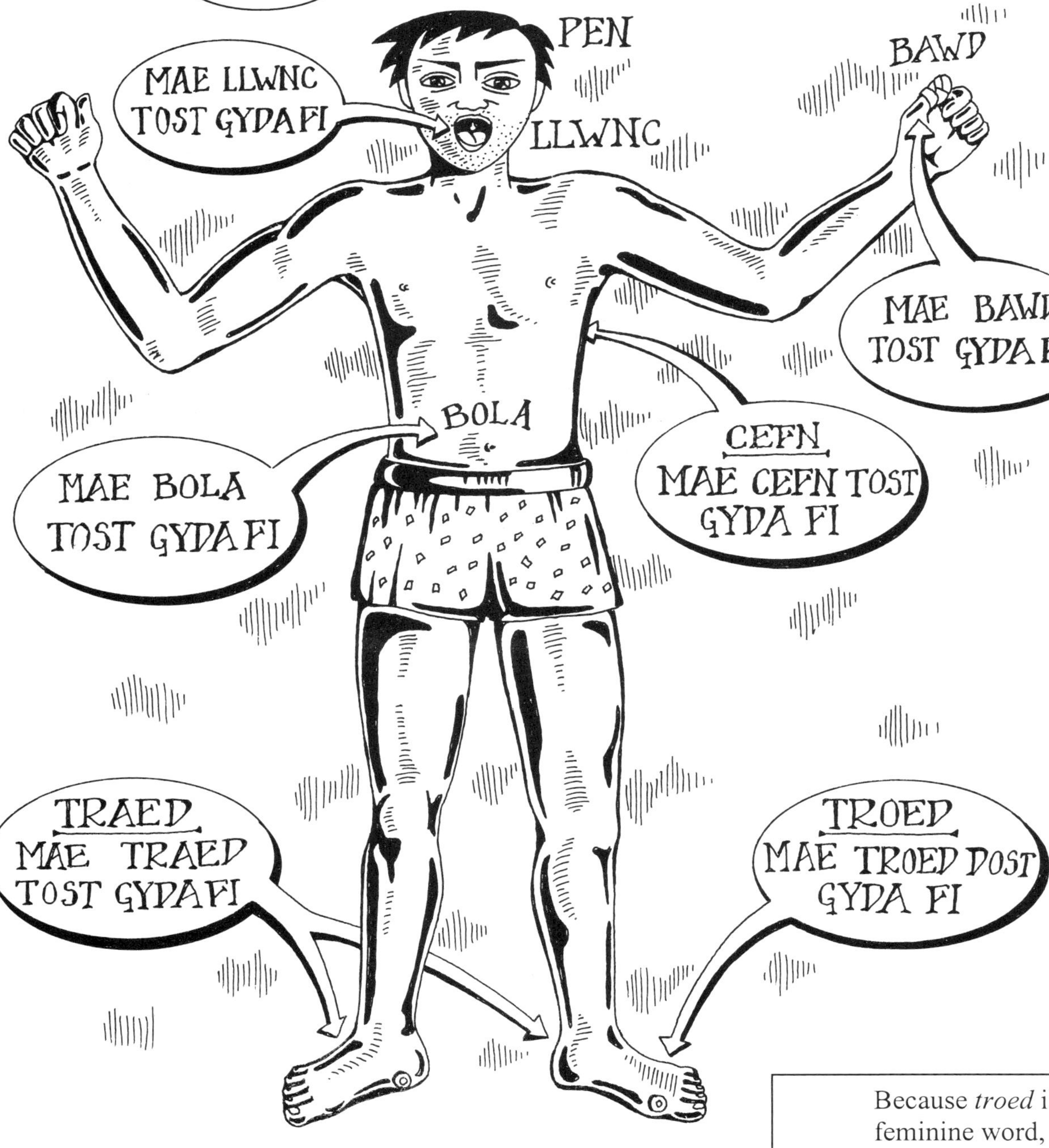

Because *troed* is a feminine word, the word immediately after takes a *treiglad meddal*

Exactly the same pattern is used with salwch as is used with possession (Uned 6)

Mae car gyda fe	-	Mae pen tost gyda fe
Mae tŷ gyda Jac	-	Mae llwnc tost gyda Jac

B. AR

Mae annwyd arna i

Mae peswch arna i

Mae gwres arna i

Mae'r ddannodd arna i

C. Beth sy'n bod / *What's the matter?*

Dych chi'n dost. Ysgrifennwch dan bob llun (*under every picture*) beth sy'n bod. Hefyd, ysgrifennwch y cwestiwn ar y top bob tro (*every time*).

Beth sy'n bod?

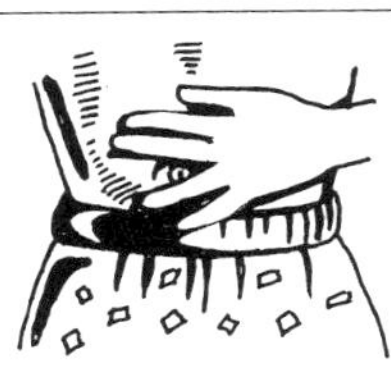

Ch. Mae annwyd ar John — Mae annwyd ar Siân

Mae annwyd ar John	Mae annwyd ar Siân
Mae annwyd arno fe	Mae annwyd arni hi
Mae peswch arno fe	Mae peswch arni hi
Mae ffliw arno fe	Mae ffliw arni hi

> **Cofiwch**: rhaid iddo fe — rhaid iddi hi
>
> We have here the same endings - arno fe, arni hi

Unwaith eto (*once again*), gyda'ch partner, ysgrifennwch beth sy'n bod ar y bobl (*what's wrong with the people*) yn y lluniau (*pictures*). *Give* y ddau ateb e.e. Mae peswch ar John. Mae peswch arno fe.

Beth sy'n bod ar Huw?

1. ____________________

2. ____________________

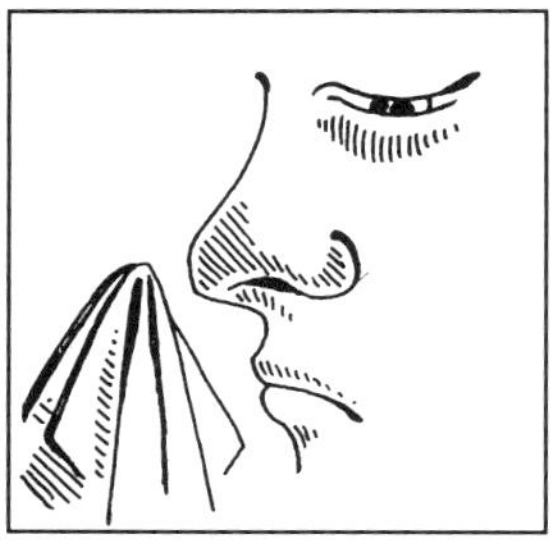

Beth sy'n bod ar Lowri?

1. ____________________

2. ____________________

Beth sy'n bod ar John?

1. ____________________

2. ____________________

Beth sy'n bod ar Siân?

1. ____________________

2. ____________________

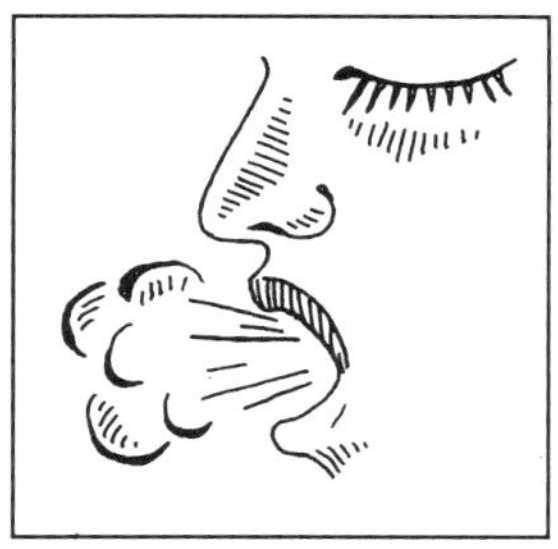

Beth sy'n bod ar Harri?

1. ____________________

2. ____________________

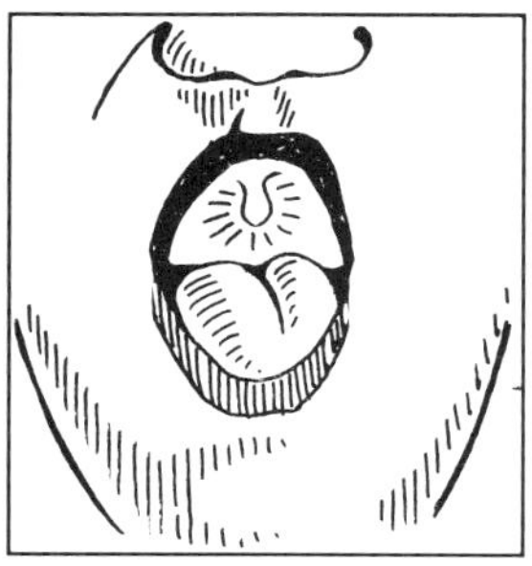

Beth sy'n bod ar Meinir?

1. ____________________

2. ____________________

D. Teimladau eraill / ***Other feelings***

The 'nhw' ending is the same for 'i' and 'ar' –
'Rhaid **iddyn nhw** fynd'
'Mae cywilydd **arnyn nhw**'

Cyfieithwch:

We are ashamed ____________________

We are frightened ____________________

They are frightened ____________________

They are thirsty ____________________

She is thirsty ______________________________

She is homesick ______________________________

He is homesick ______________________________

He has a temperature ______________________________

I have a temperature ______________________________

We have a temperature ______________________________

RE CAP

1. Dych chi wedi dysgu:

1) Rhannau'r corff (*Parts of the body)*

2) Illnesses which name a part of the body - *gyda* eg: Mae pen tost gyda fi.

3) Illnesses which don't name a part of the body - *ar* eg: Mae annwyd ar Siân

4) Beth sy'n bod?

5)

arna i	arnon ni
arnat ti	arnoch chi
arno fe	arnyn nhw
arni hi	

6) Other feelings which are expressed by - *ar* eg: hiraeth, syched, ofn, cywilydd

2. Geirfa

annwyd	-	*cold*	ofn	-	*fear*
bawd	-	*thumb*	pen	-	*head*
bola	-	*stomach*	peswch	-	*cough*
cefn	-	*back*	syched	-	*thirst*
gwres	-	*temperature, heat*	troed	-	*foot*
hiraeth	-	*homesickness*	traed	-	*feet*
llwnc	-	*throat*	y ddannodd	-	*toothache*

1. **Without looking back, label the parts of the body.**

2. Beth sy'n bod ar bawb? / *What's wrong with everyone*?. Ysgrifennwch ddau ateb:

Beth sy'n bod ar Huw?

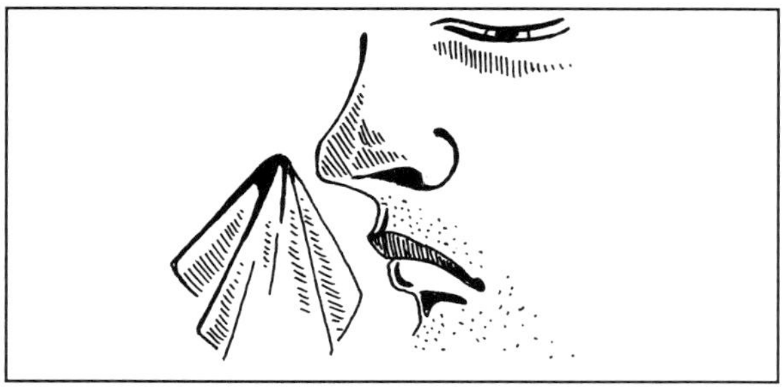

1. ______________________

2. ______________________

Beth sy'n bod ar Alun?

1. ______________________

2. ______________________

Beth sy'n bod ar Harri?

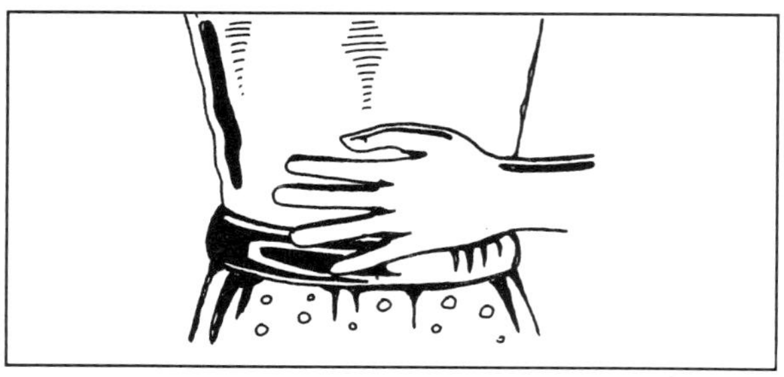

1. ______________________

2. ______________________

Beth sy'n bod ar Siân?

1. ______________________

2. ______________________

Beth sy'n bod ar Mari?

1. ______________________

2. ______________________

Beth sy'n bod ar Catrin?

1. ______________________

2. ______________________

3. **Llenwch y bylchau / *Fill in the gaps:***

Beth sy'n ________________ ?

Mae annwyd ________________ nhw

Mae __________ tost gyda fe

Mae ________________ dost gyda hi

Mae cywilydd arnon ____________

Beth ____________ bod?

Mae bola ______________ gyda nhw

Mae gwres ___________ i

Mae llwnc tost ____________ chi

4. **Darllenwch y darn ac atebwch y cwestiynau:**

Mae Monsieur Gué yn byw gyda Madame Gué, a'r ddau fab, Pascal (wyth oed) a Stéphane (deg oed). Ffrangeg ydy iaith y teulu. Maen nhw'n byw mewn fflat.

Postmon ydy Monsieur Gué ac mae e'n gweithio yn Swyddfa Bost Colombiers. Mae hi'n swyddfa bost fawr iawn ac mae 300 o bostmyn yn gweithio yno. Mae Monsieur Gué yn seiclo i'r gwaith bob dydd ac mae e'n cymryd ugain munud. Rhaid iddo fe fod yn y gwaith am hanner awr wedi chwech yn y bore.

1. Ble mae Monsieur Gué yn byw? ________________________________

2. Ydy e'n byw mewn tŷ? ________________________________

3. Ble mae Monsieur Gué yn gweithio? ________________________________

4. Sut mae e'n mynd i'r gwaith? ________________________________

5. Faint o'r gloch mae e'n dechrau gweithio? ________________________________

5. ***Nodwch bump* useful words / phrases from this *uned*.**

un ______________________________

dau ______________________________

tri ______________________________

pedwar ______________________________

pump ______________________________

UNED UN DEG WYTH

RO'N I'N DOST / *I WAS ILL*

A. Ro'n i'n dost

Heddiw	**Ddoe**
Dw i'n dost	Ro'n i'n dost
Dw i'n iawn	Ro'n i'n iawn
Dw i'n oer	Ro'n i'n oer
Dw i'n brysur	Ro'n i'n brysur
Dw i wedi blino	Ro'n i wedi blino

B. Deialog

A: Ble ro'ch chi ddoe? Ffoniais i sawl gwaith.

B: Ro'n i yn y tŷ trwy'r dydd ond ro'n i'n brysur iawn. Tynnais i'r ffôn allan.

A: Beth o'ch chi'n wneud 'te?

B: Ro'n i'n gweithio ar adroddiad.

Notice the difference:

Ro'n i'n ffonio	-	*I was phoning*
Ffoniais i	-	*I phoned*
Ro'n i'n gweithio	-	*I was working*
Gweithiais i	-	*I worked*

Gofynnwch i'ch partner where they were and what they were doing at various times of the day *ddoe*.

Llenwch y grid:

	Ble?	Beth?
6.00 am		
8.00 am		
11.00 am		
1.00 pm		
5.00 pm		
8.00 pm		
11.30 pm		

Dyma'r grid one member (Siân) completed. Fill in the exercise *yn* B.

	Ble?	Beth?
6.00 am	yn y gwely	cysgu
8.00 am	yn y gegin	bwyta brecwast
11.00 am	yn y swyddfa	darllen adroddiad
1.00 pm	yn y ganolfan hamdden	chwarae sboncen
5.00 pm	yn y swyddfa	ysgrifennu llythyr
8.00 pm	yn y dafarn	chwarae dartiau
11.30 pm	yn y tŷ	gwylio fideo

Cwblhewch (*Complete):*

	Ble roedd Siân ddoe?	**Beth oedd hi'n wneud?**
6.00 am	Roedd hi yn y gwely	Roedd hi'n cysgu
8.00am	______________	______________
11.00 am	______________	______________
1.00 pm	______________	______________
5.00 pm	______________	______________
8.00 pm	______________	______________
11.30 pm	______________	______________

Beth am eich partner chi? Edrychwch ar eich grid.

6.00 am	______________	______________
11.00 am	______________	______________
5.00 pm	______________	______________
11.30 pm	______________	______________

C. Y Tywydd Eto!

Cofiwch: Mae hi'n braf

Dysgwch nawr: Roedd hi'n braf

Roedd hi'n gymylog

Roedd hi'n heulog

Roedd hi'n rhewi

Roedd hi'n wlyb

Chwaraewch y gêm fwrdd gyda'ch partner. *In each square,* mae dau *picture*. Ar y dde (*right*) - y tywydd heddiw. Ar y chwith (*left*) - y tywydd ddoe. *Therefore if you land on* sgwâr 1, rhaid i chi ddweud - "Mae hi'n braf heddiw ond roedd hi'n wyntog ddoe". Sgwâr 6 - Mae hi'n braf heddiw ac roedd hi'n braf ddoe". *Try and use as many of the new phrases as possible.*

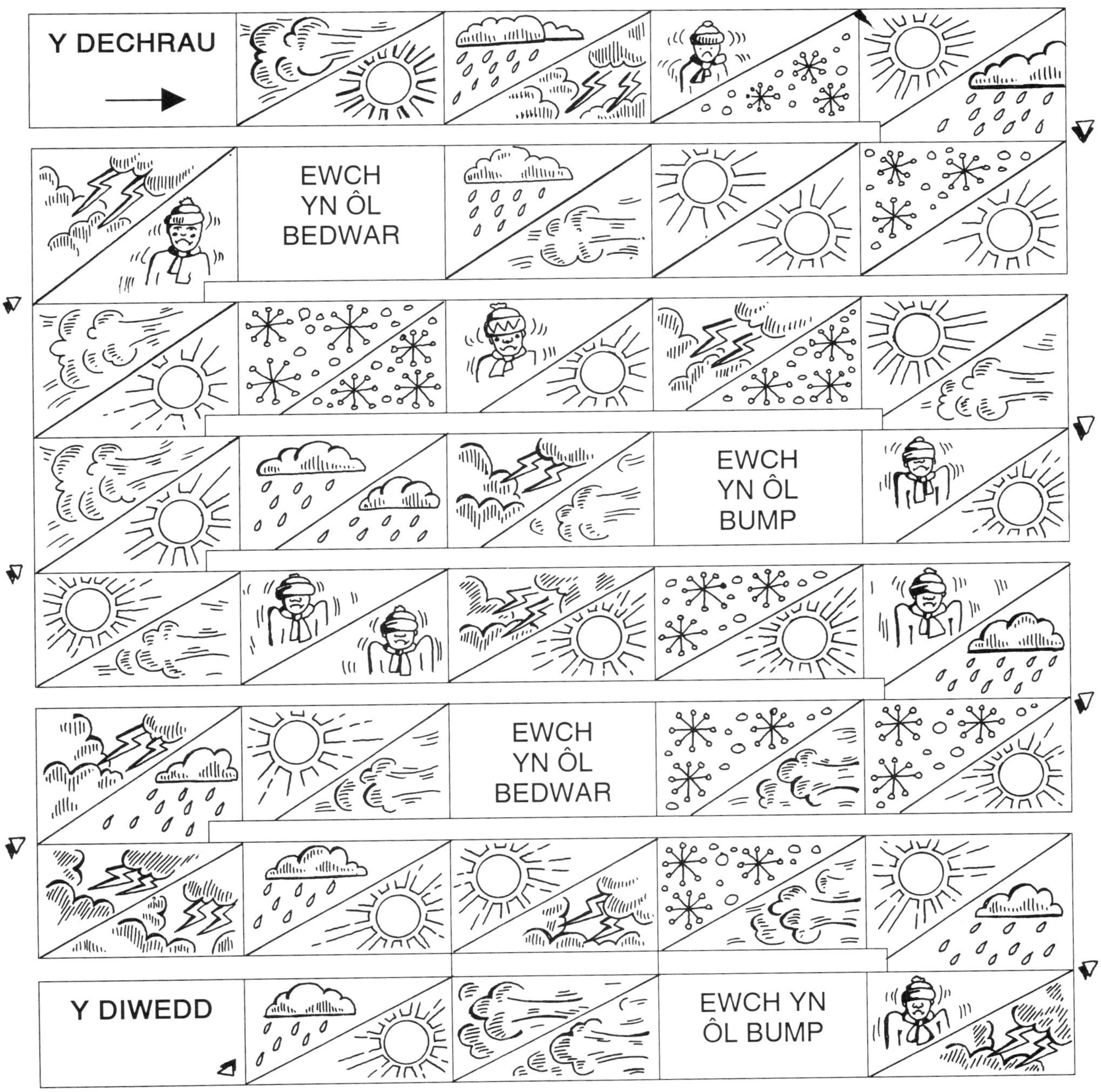

Ch. Esgusodion / *Excuses*

Cofiwch:

Mae problem gyda fi
Mae pen tost gyda ti
Mae annwyd arna i
Rhaid i mi weithio

Dysgwch:

Roedd problem gyda fi
Roedd pen tost gyda ti
Roedd annwyd arna i
Roedd rhaid i mi weithio

Ble roedd pawb?

Doedd neb (*no-one was*) yn y dosbarth yr wythnos diwethaf. *Find out* ble roedd pawb. Bydd eich tiwtor yn rhoi esgus chi (*your tiwtor will give you an excuse*). *Make a note of them below:*

Enw — Esgus

1. ______________________________

2. ______________________________

3. ______________________________

4. ______________________________

5. ______________________________

6. ______________________________

7. ______________________________

8. ______________________________

9. ______________________________

10. ______________________________

D. Ro'n ni / Ro'n nhw (*We were / used to . . . / They were / used to . . . .*)

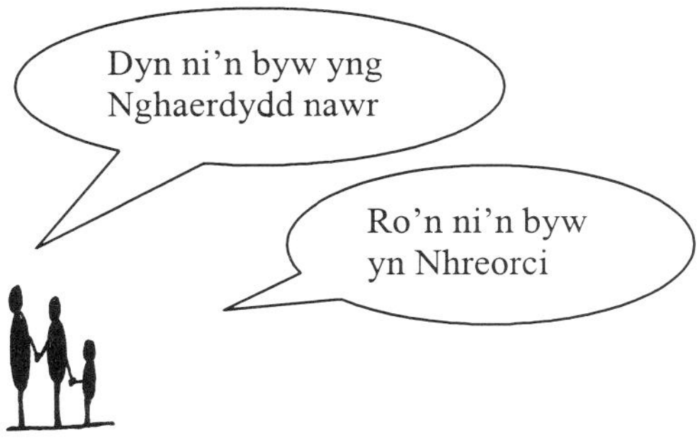

<u>Maen nhw'n byw yng Nghaerdydd nawr</u>

<u>Ro'n nhw'n byw yn Nhreorci</u>.

Cwblhewch (*Complete*):

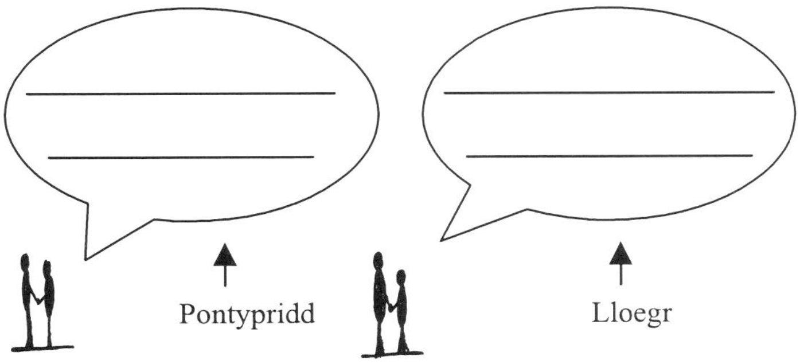

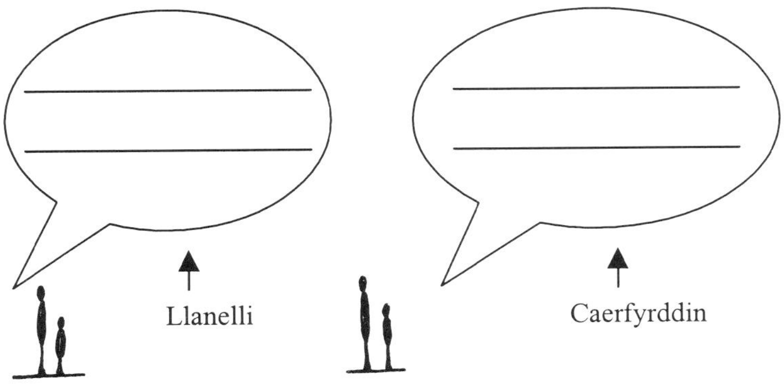

Dd. Gofyn Cwestiwn - O'ch chi? (*Were you?)*

✓ O'n

✗ Nac o'n

Gofynnwch i'ch partner:

	Eich partner	__________________
mynd i'r Brownies		
mynd i'r Cubs		
mynd i'r Ysgol Sul		
cael cinio yn yr ysgol		
cerdded i'r ysgol		
darllen comic		
gwylio 'Jackanory'		
chwarae hoci		
hoffi gwaith cartre		

Oedd ✓

Nac oedd ✗

Yn ôl i'r grid. Gofynnwch gwestiynau am bartner gwreiddiol eich partner newydd e.e. **'Oedd Ann yn arfer chwarae hoci?'**

To ask the question, we simply drop the 'r'

				Ateb
Ro't ti	>	O't ti?	✓	(O'n)
Roedd hi	>	Oedd hi?	✓	(Oedd)
Ro'n nhw?	>	O'n nhw?	✓	(O'n)

E. Negyddol - Do'n i ddim (*I wasn't / I didn't / I didn't used to…*)

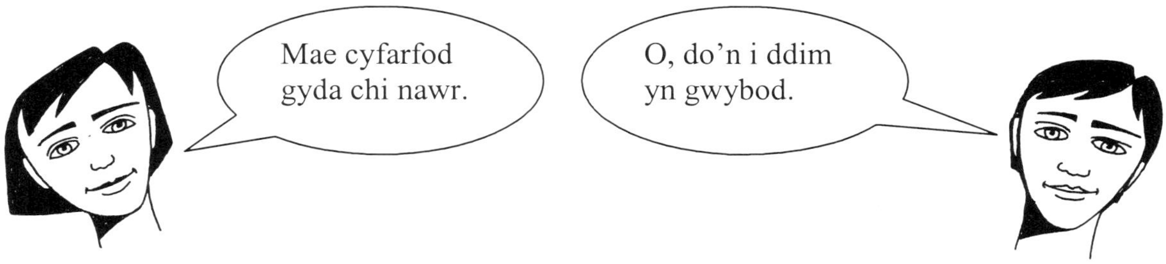

Do'n i ddim yn gwybod - I didn't know
(I wasn't) (knowing)

Cwblhewch / *Complete*:

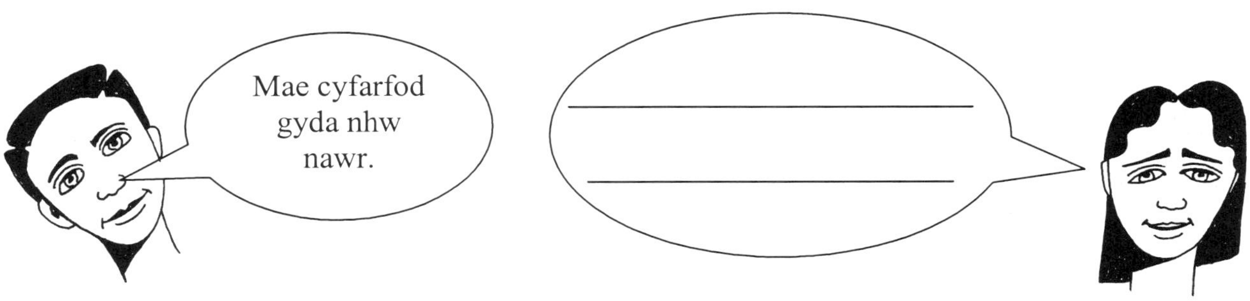

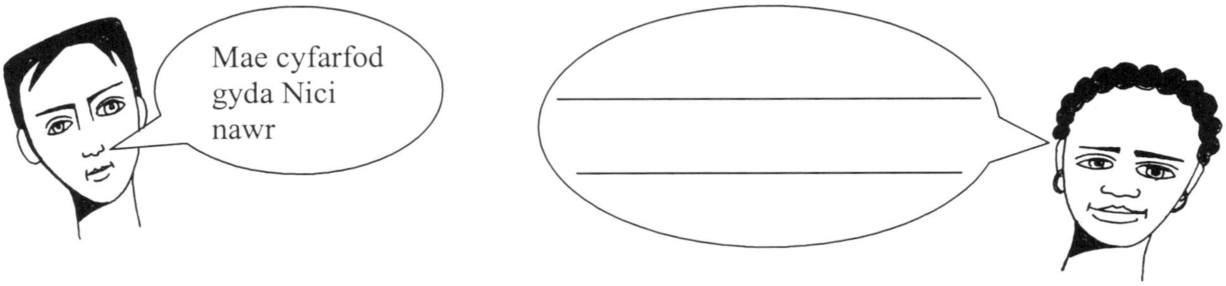

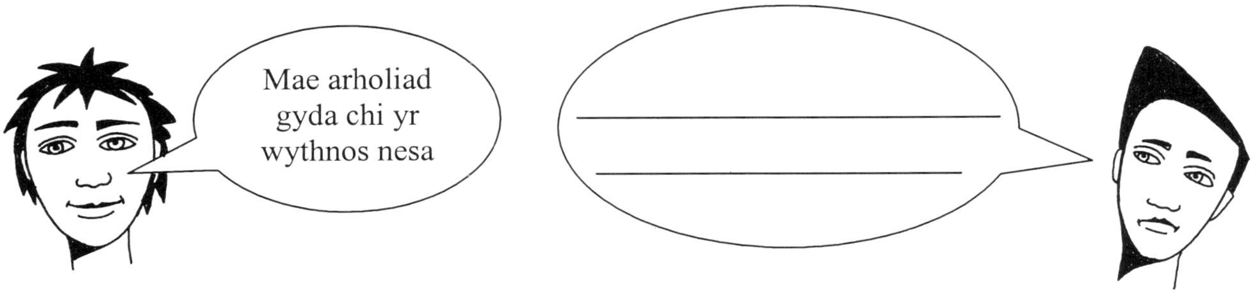

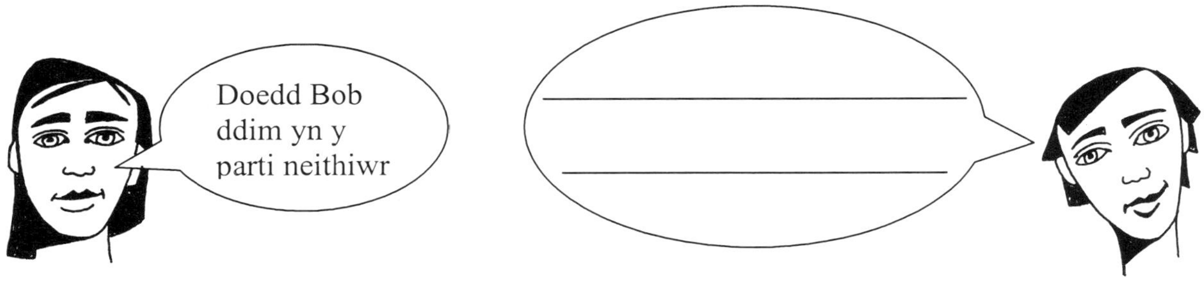

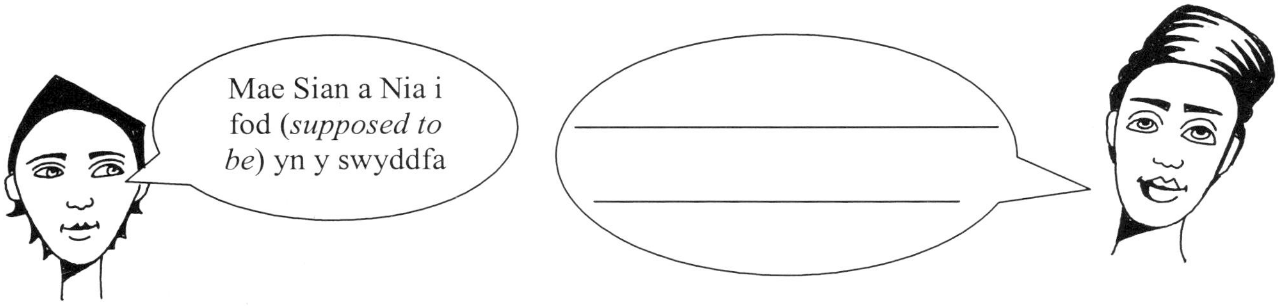

To make 'Ro'n i' into a negative, you simply replace the 'R' with a 'D' and put a 'ddim' at the end -

'Ro'n i' → 'D'on i ddim'

RE CAP

1. **Dych chi wedi dysgu:**

+	?	—
I was	Was I?	I wasn't
Ro'n i Ro't ti Roedd e/hi Ro'n ni Ro'ch chi Ro'n nhw	O'n i? O't ti? Oedd e/hi? O'n ni? O'ch chi? O'n nhw	Do'n i ddim Do't ti ddim Doedd e/hi ddim Do'n ni ddim Do'ch chi ddim Do'n nhw ddim

The above forms are spoken forms. You will also see the following written. You needn't learn them, but you may need to recognise them.

Roeddwn i	Roedden ni
Roeddet ti	Roeddech chi
Roedd e/hi	Roedden nhw

2. **Geirfa**

ond	-	*but*	cymylog	-	*cloudy*
sawl gwaith	-	*several times*	gwlyb	-	*wet*
trwy'r dydd	-	*all day*	heulog	-	*sunny*
cegin	-	*kitchen*	prysur	-	*busy*
esgus	-	*excuse*	gwylio	-	*to watch*
sboncen	-	*squash (sport)*	rhewi	-	*to freeze*

UNED UN DEG WYTH - HELP YOURSELF - GARTRE

1. Ysgrifennu Adroddiad

Unfortunately, you have lost *eich adroddiad ar yr esgusodion* given to you by the *dosbarth*. *Ysgrifennwch* (write) more excuses.

	Enw	**Esgus**
1.	______________________	________________________________
2.	______________________	________________________________
3.	______________________	________________________________
4.	______________________	________________________________
5.	______________________	________________________________
6.	______________________	________________________________

2. Cywiro (*correct*) Adroddiad

Mae eich ffrind wedi ysgrifennu am (*has written about*) ddosbarth arall (*another class*). *Unfortunately, he is a little careless.* Llenwch y bylchau (*fill in the gaps for him*).

Enw	**Esgus**
John Jones	Roedd rhaid _____________ fe weithio
Ceri Smith	Roedd y ddannodd _____________ hi
Mair Richards	_____________ hi'n brysur yn y tŷ
Alun Roberts	Roedd annwyd arno _____________
Huw Williams	_____________ problem gyda fe gartref
Meinir Thomas	Roedd peswch _____________ hi
Ann Lewis	_____________ hi'n dost
Philip Morgan	___________ rhaid iddo fe __________ i gyfarfod

3. **Ysgrifennwch ble roedd rhaid i bob person fynd. Rhowch y ddau ateb -** ***Give two answers each time*** e.e. **Roedd rhaid i Siân fynd i . . . . a Roedd rhaid iddi hi fynd i . . . .**

Ble roedd rhaid i John fynd?

____

____

Ble roedd rhaid i Siân fynd?

____

____

Ble roedd rhaid i Huw fynd?

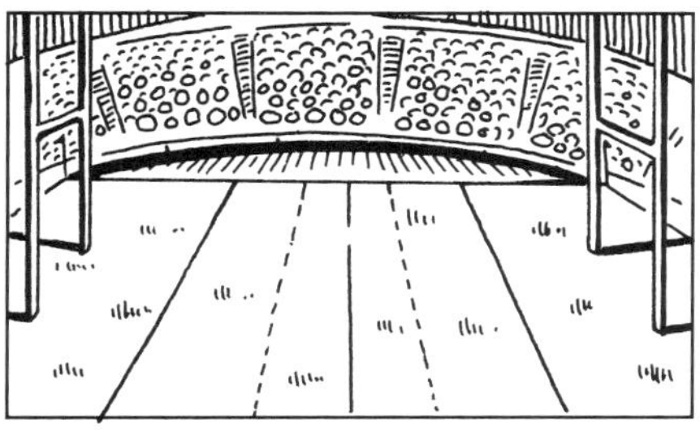

____

____

Ble roedd rhaid i Mari fynd?

____

____

Ble roedd rhaid i Alun fynd?

____

____

Ble roedd rhaid i Glenys fynd?

____

____

4. Atebwch y Cwestiynau:

1. Beth mae'n rhaid i chi wneud fory? ____________________
2. Beth oedd rhaid i chi wneud ddoe? ____________________
3. Beth oedd rhaid i chi wneud y bore 'ma? ____________________
4. Dych chi'n dost heddiw? ____________________
5. Aethoch chi i'r gwaith ddoe? ____________________
6. Ble ro'ch chi am naw o'r gloch neithiwr? ____________________
7. Beth o'ch chi'n wneud? ____________________
8. Sut mae'r tywydd heddiw? ____________________
9. Sut roedd y tywydd ddoe? ____________________
10. O'ch chi'n hoffi'r ysgol? ____________________

5. *Nodwch bump* useful words / phrases from this *uned*.

un ______________________________

dau ______________________________

tri ______________________________

pedwar ______________________________

pump ______________________________

UNED UN DEG NAW

GOFYN AM GYFARWYDDIADAU / *ASKING FOR DIRECTIONS*

A. Gorchmynion / *Commands*

I roi gorchymyn (*to give a command*) yn Gymraeg, *we use the ending* - wch.

Cerdded	**Cerddwch!**	Mynd	**Ewch!**
Stopio	**Stopiwch!**	Dod yma	**Dewch yma!**
Talu'r bill (to pay the bill)	**Talwch y bil!**	Gwneud y te	**Gwnewch y te!**
Dihuno (to wake up)	**Dihunwch!**	Peidio	**Peidiwch!**
Agor	**Agorwch!**	Bod yn dda	**Byddwch yn dda!**
Cau	**Caewch!**	Troi (to turn)	**Trowch!**

Gyda'ch partner, *suggest which command would be appropriate under the following* lluniau (*pictures*):

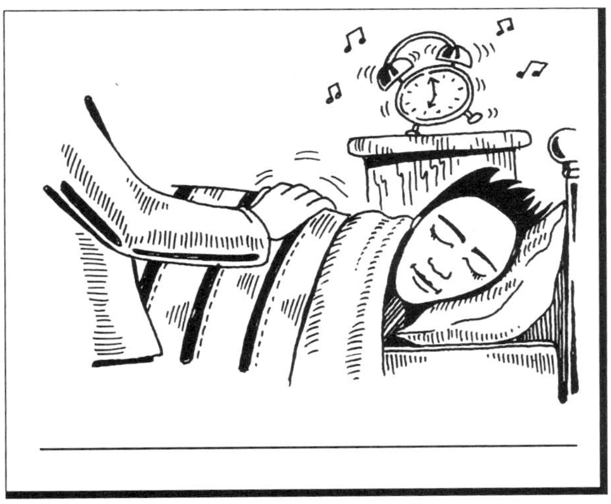

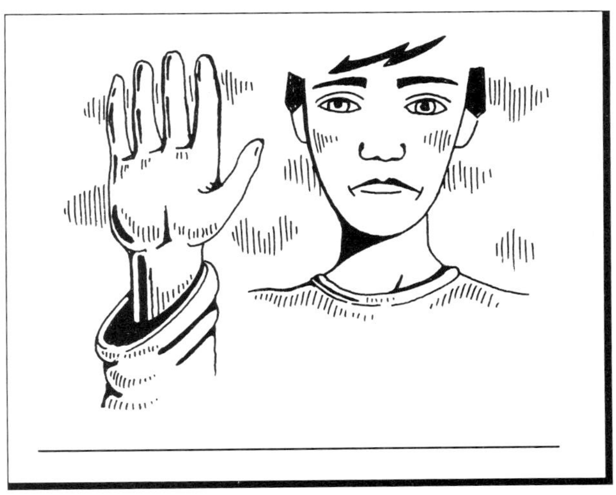

B. Gofyn am Gyfarwyddiadau Cyffredinol / *Asking for General Directions*

Gyda'ch tiwtor a gyda'ch partner, darllenwch y deialogau hyn. Wedyn newidwch nhw ychydig trwy newid y geiriau sydd wedi'u tanlinellu - *alter them slightly by changing the underlined words and replacing them by the words directly underneath* y ddeialog. *There are lots of new words* - bydd eich tiwtor yn helpu (*your tiwtor will help*).

A: Esgusodwch fi, dw i eisiau mynd i'r ysgol gynradd.

B: Hanner munud. O ie, ewch yn syth ymlaen ac wedyn trowch i'r dde. Mae'r ysgol gynradd rhwng y parc a'r capel.

A: Diolch yn fawr.

CANOLFAN HAMDDEN
I'R CHWITH

A: Ble mae'r ysbyty os gwelwch yn dda?

B: Ewch o dan y bont, trwy'r goleuadau, ar hyd Heol y Bont ac mae'r ysbyty gyferbyn â chi.

GAREJ, SIOP FARA
SWYDDFA BOST, CAFFI

A: Esgusodwch fi, ble mae'r maes parcio?

B: Ewch i lawr y ffordd am filltir ac wedyn trowch i'r dde ar ôl y garej.

AM DDWY FFILLTIR

A: Dw i ddim yn gwybod ble mae'r parc. Dych chi'n gallu helpu?

B: Ydw. Cerddwch ar hyd y stryd ac wedyn trowch i'r dde gyferbyn â'r sinema.

YSBYTY, YSGOL GYNRADD

C. Arddywediad

A dictation exercise! *Your* tiwtor *will read out* chwech *of the phrases from the above dialogues. She/he will read whole sentences at natural speed but will let you hear them as many times as you like.* Ysgrifennwch nhw. *It's not as easy as it sounds!*

1. ______________________________

2. ______________________________

3. ______________________________

4. ______________________________

5. ______________________________

6. ______________________________

Ch: Y ffordd o gwmpas Llanaber / *The way around Llanaber*

Dych chi wedi cael map o dre Llanaber. Yn anffodus, dydy'r map ddim yn gyflawn - *the map is incomplete.* Dych chi'n ffonio ffrind - eich partner - *but find that his/her map is also incomplete although his/her gaps are different to yours.*

Un partner i edrych ar Gopi A. Un partner i edrych ar Gopi B

Gofynnwch i'ch partner *the way to one of the locations mentioned* o dan eich *map* (*under your map*). *Start each time at*  *Your* partner *will give you* cyfarwyddiadau *(directions). When you arrive, jot down the location in the boxes provided and let your* partner *ask a question.*

COPI A

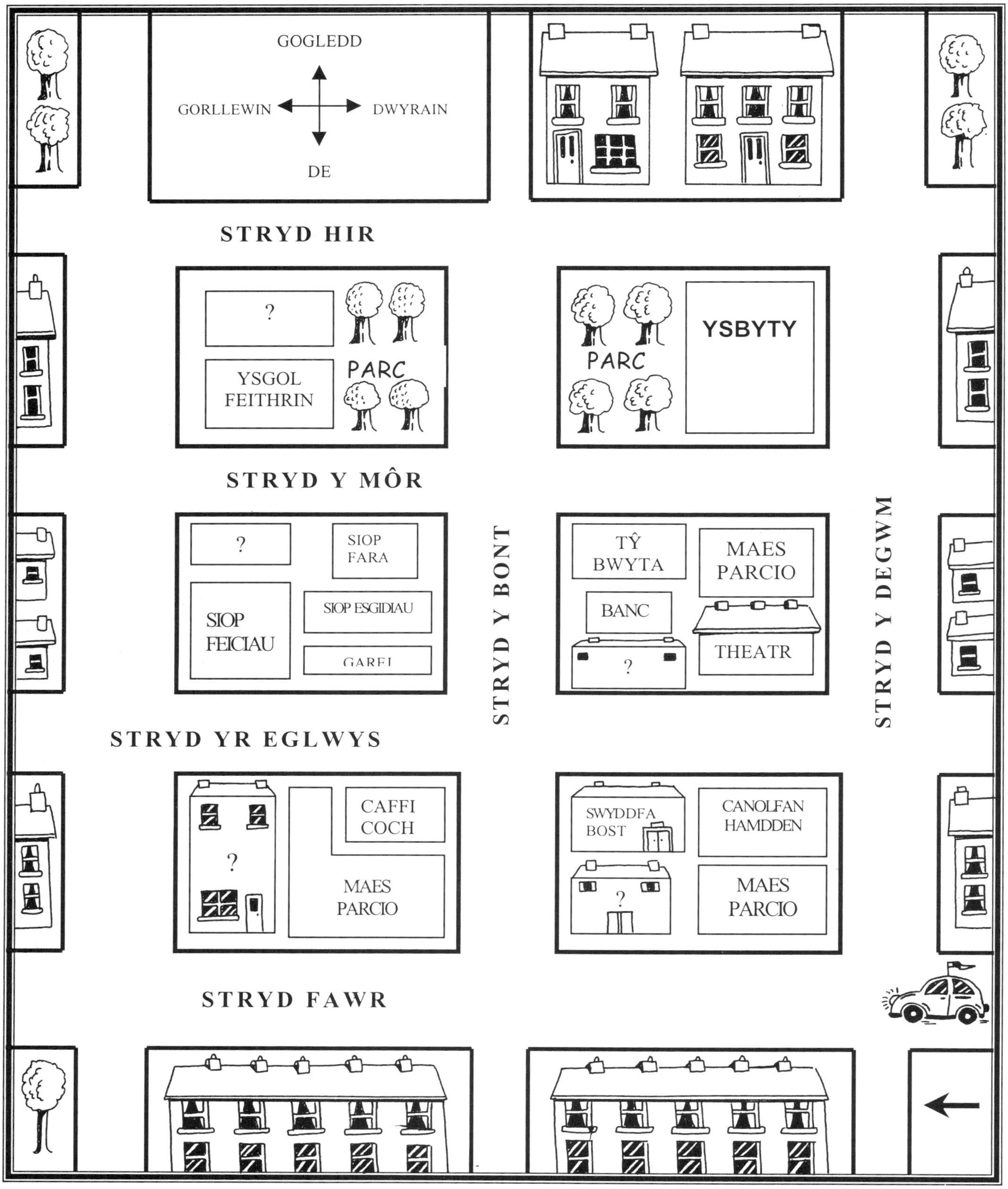

Dych chi eisiau:

Y siop chwaraeon; Y siop lysiau; Y clwb rygbi; Y siop ddillad; Y siop ddillad dynion.

COPI B

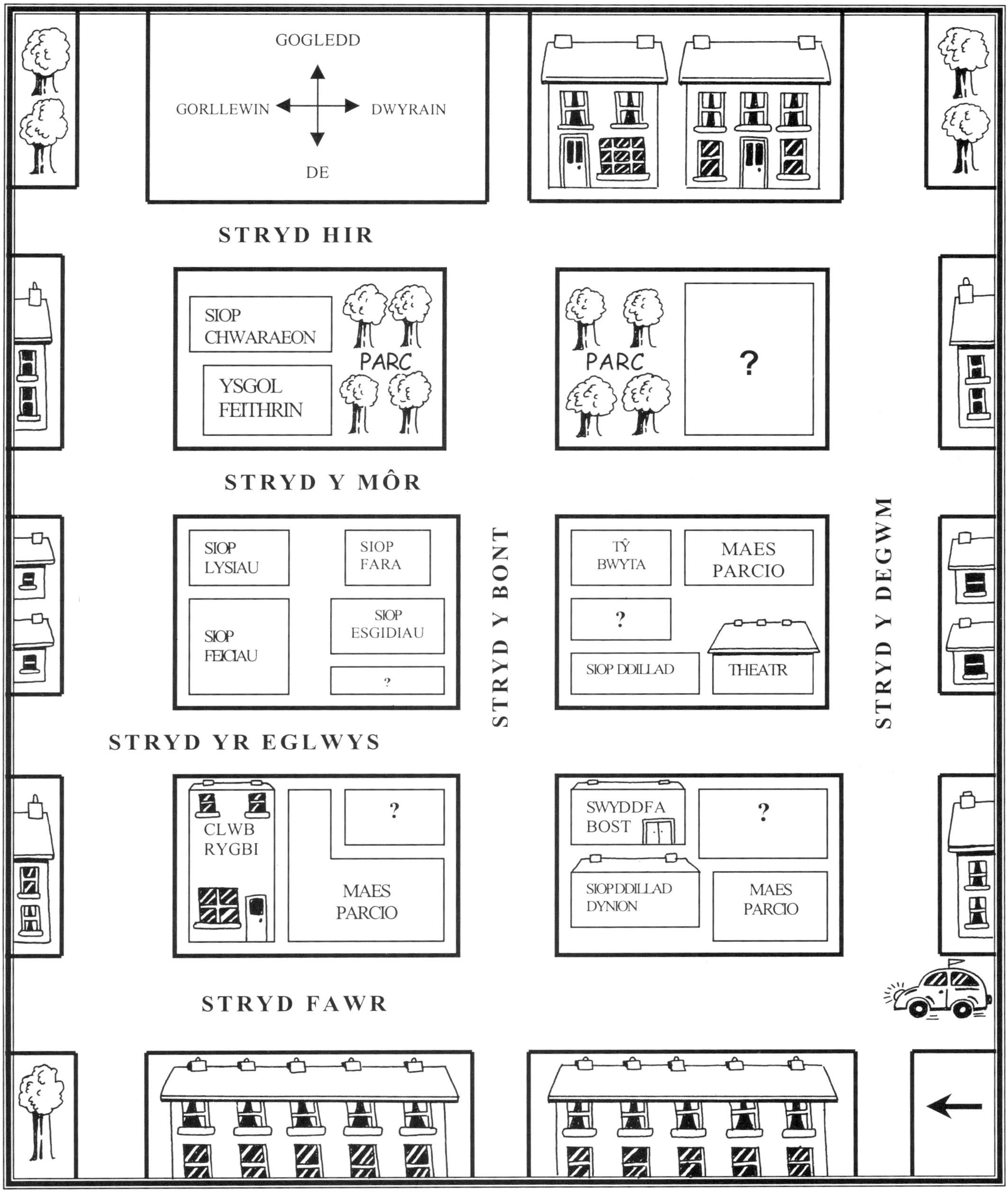

Dych chi eisiau:

Yr ysbyty; Y garej; Y banc; Caffi Coch; Y ganolfan hamdden.

D. Gorchmynion eto

So far in Uned 19, *all the* gorchmynion *have ended in* -wch. *If you want you use the* 'ti' *form we add the ending - a, apart from some common exceptions which are listed below.*

Gyda'ch tiwtor, a gyda'ch partner, ymarferwch:

Cerdded	**Cerdda!**	Mynd	**Cer!**
Stopio	**Stopia!**	Dod yma	**Dere 'ma!**
Talu'r bil	**Tala'r bil!**	Gwneud y te	**Gwna'r te!**
Ysgrifennu	**Ysgrifenna!**	Peidio	**Paid!**
Dihuno	**Dihuna!**	Bod yn dawel	**Bydd yn dawel!**
Helpu	**Helpa!**	Troi	**Tro!**
Cofio	**Cofia!**	Agor	**Agor!**
Ffonio	**Ffonia!**	Cau	**Cau!**

Gyda'ch partner, *as you did with the* 'chi' *forms now suggest the commands in the* 'ti' *form.*

RE CAP

1. Dych chi wedi dysgu:

1) Formal commands: we add **-wch** e.e. Cerddwch
Irregulars: Ewch, Dewch, Gwnewch, Peidiwch, Byddwch, Trowch

2) Informal Commands: we add **- a** e.e. Cerdda
Irregulars: Cer, Dere, Gwna, Paid, Bydd, Tro, Agor, Cau

2. Geirfa

ar hyd	*along*	ffordd	*road*
ar ôl	*after*	goleuadau	*lights*
dan	*under*	milltir	*mile*
pont	*bridge*	ysgol gynradd	*primary school*
gyferbyn (â)	*opposite*	dihuno	*to wake up*
rhwng	*between*	gallu	*to be able to*
chwith	*left*	talu	*to pay*
de	*right*	troi	*to turn*
syth	*straight*		

1. Llenwch y bylchau yn y deialogau - HEB EDRYCH YN ÔL (*without looking back*)

A: Ble ____________'r ystyty os gwelwch yn dda?

B: Ewch dan y bont, _________ goleuadau, ar __________ Heol y Bont ac mae'r ysbyty ____________ â chi.

A: Esgusodwch fi, dw i eisiau mynd i'r ysgol ____________

B: Hanner munud. O ie, ewch yn ____________ ymlaen ac wedyn __________ i'r dde. Mae'r ysgol ____________ rhwng y parc __________ eglwys.

A: Diolch yn fawr.

A: Esgusodwch fi. _____________ mae'r maes parcio?

B: __________ i lawr y ffordd am ____________ ac wedyn ____________ i'r dde ar ____________ y garej.

A: Dw i ddim yn ____________ ble mae'r parc. ____________ chi'n gallu helpu?

B: Ydw. ____________ ar hyd y stryd ac wedyn trowch i'r __________ gyferbyn ____ sinema

2. Ble dych chi'n byw?

You have invited a local *tiwtor i'r tŷ* to give you some extra practice. *Ysgrifennwch nodyn byr* (a short note) explaining *ble dych chi'n byw, a sut i gyrraedd y tŷ.*

____

____

____

____

____

____

3. Newidiwch (*change*) 'chi' i 'ti':

Peidiwch! ________________

Cerddwch! ________________

Dihunwch! ________________

Helpwch fi! ________________

Ewch! ________________

Dewch yma! ________________

Darllenwch! ________________

Ewch i'r gwely! ________________

Bwytwch! ________________

Gwisgwch! ________________

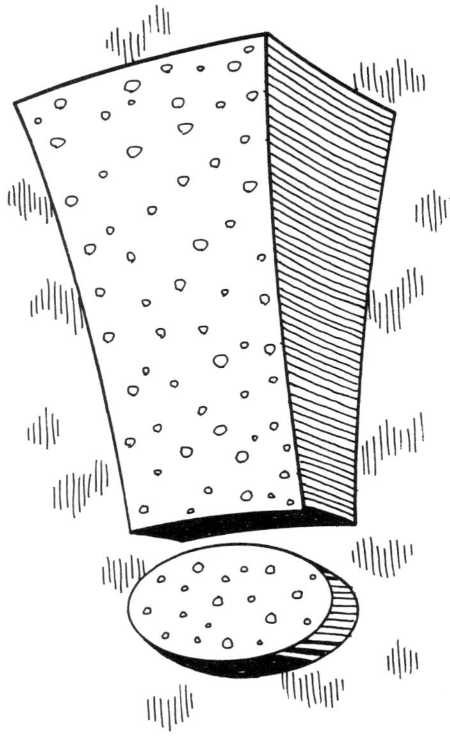

4. Newidiwch 'ti' i 'chi':

Tala! ________________

Bydd yn dawel! ________________

Siarada! ________________

Gwna'r gwaith cartref! ________________

Dere gyda fi! ________________

Cer nawr! ________________

Ysgrifenna! ________________

Golcha'r llestri! ________________

Cysga! ________________

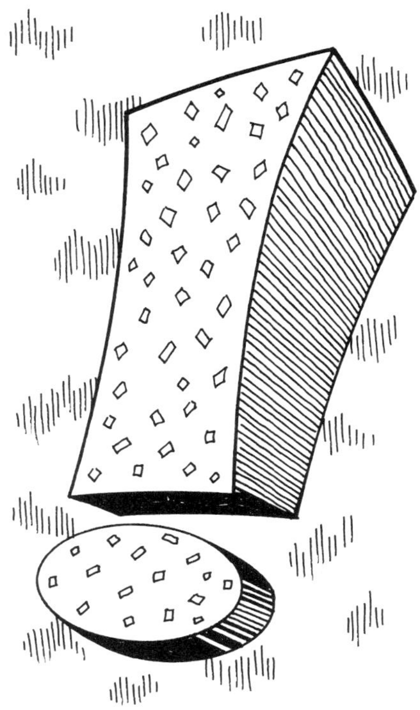

5. Dych chi'n cofio'r Gymraeg am:

Opposite you ______________________

Turn to the right ______________________

Go left ______________________

Go straight ahead ______________________

Walk for half a mile ______________________

6. *Nodwch bump* useful words / phrases from this *uned*.

un ______________________

dau ______________________

tri ______________________

pedwar ______________________

pump ______________________

UNED DAU DDEG

BYDDA I / *I WILL BE*

A: Bydda i *(I will be*)

Ddoe	**Heddiw**	**'Fory**
Ro'n i'n brysur	Dw i'n byrsur iawn	Bydda i'n brysur eto

Cwblhewch / *Complete*:

Ro'n i'n dost	____________	____________
____________	Dw i'n ddiflas iawn	____________
Ro'n i'n hapus ☺	____________	____________
____________	Dw i'n oer iawn	____________

B. Ble byddwch chi? / Ble byddi di? (*Where will you be?)*

Ewch o gwmpas (*around*) y dosbarth yn gofyn i bawb ble byddan nhw (*asking everyone where they'll be*) *at the times mentioned.*

Enw	bore 'fory	p'nawn 'fory	nos 'fory	nos Sadwrn	dydd Sul

C. Bydd hi/e (*He/she will be*)

Gobeithio bydd hi'n braf

Gobeithio bydd John yn y dafarn

Gobeithio bydd Siân yn y swyddfa

Gyda'ch tiwtor, darllenwch y nodiadau (*notes*) *below*. Bydd eich tiwtor yn helpu.

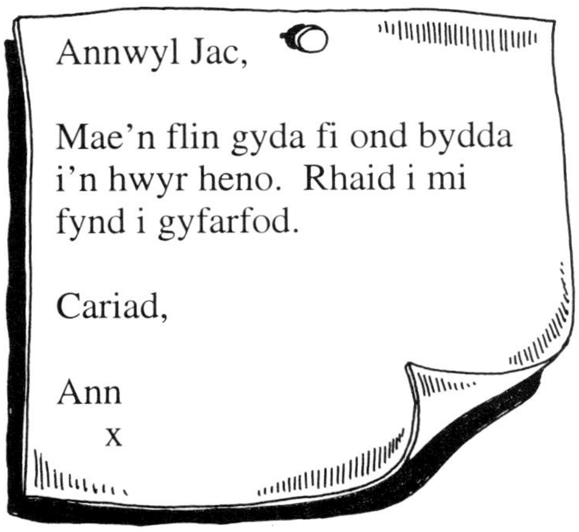

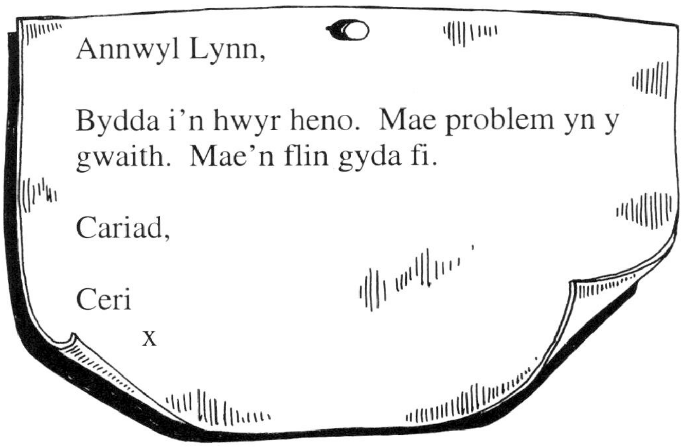

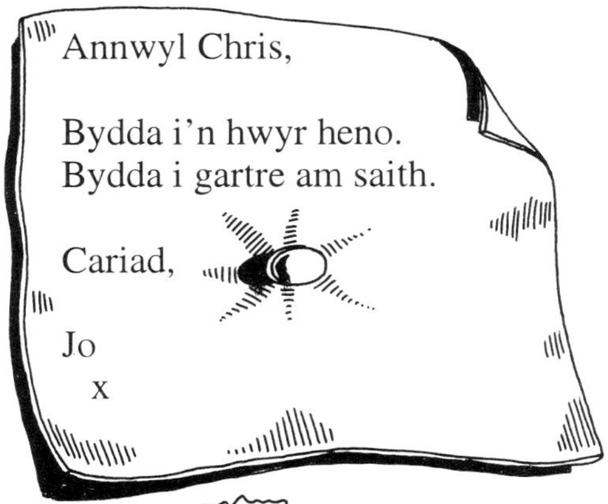

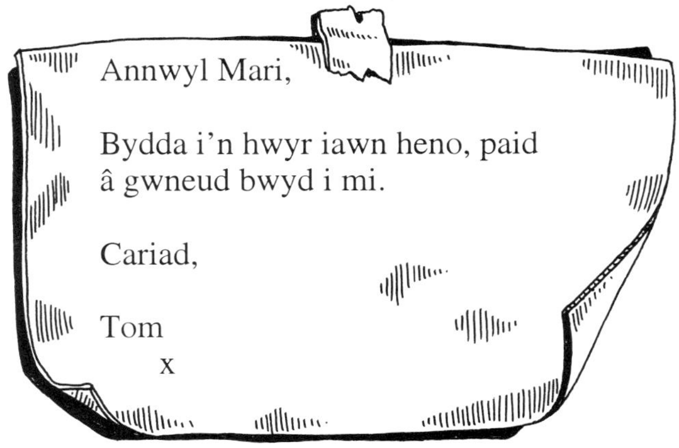

Nawr, atebwch :

Pwy fydd mewn cyfarfod? ______________________

Ble bydd Ceri heno? ______________________

Pwy fydd gartre am saith? ______________________

Pwy fydd yn hwyr iawn? ______________________

Ble bydd Richard bore 'fory? ______________________

Pwy fydd gartre cyn naw? ______________________

Ch. Arddywediad

Fel (*As*) yn Uned 19, bydd eich tiwtor yn dweud chwech *phrase.* Ysgrifennwch nhw ac wedyn *check them against the originals.*

1. ______________________
2. ______________________
3. ______________________
4. ______________________
5. ______________________
6. ______________________

D. Nodiadau Eto!

Gyda'ch partner, llenwch y bylchau (*fill in the gaps*). Ymarfer 2 *is more difficult*.

Ymarfer 1

a: Mae'n ____________ fi ond bydda i'n hwyr heno. ____________ i mi fynd i gyfarfod.

b: Bydda i'n hwyr ____________. Mae problem yn y ____________. Mae'n flin gyda fi.

c: Bydda i'n ____________ heno. Bydda i ____________ erbyn saith.

ch: Bydda i'n hwyr _________ heno. Paid â ____________ bwyd i mi.

d: ____________ i'n hwyr bore 'fory. Rhaid i mi ____________ â John at y meddyg.

dd. ____________ i'n hwyr heno. Mae dy ____________ di yn y ffwrn.

Ymarfer 2

a: Mae'n ____________ gyda fi ond ____________ i'n hwyr heno. ____________ i mi fynd i gyfarfod.

b: Bydda i'n hwyr __________ . __________ problem yn y __________. Mae'n flin gyda fi.

c: ____________ i'n ____________ heno. Bydda i ___________ __________ saith.

ch. Bydda i'n hwyr ____________ ____________. ____________ â ____________ bwyd i mi.

d. ____________ i'n hwyr ____________ 'fory. ____________ i mi ____________ â John ____________ y meddyg.

Dd. Creu Negeseuon Newydd / *Creating New Messages*

Gadawodd chwech o bobl negeseuon ar y peiriant ateb. (*Six people left messages on the answer phone*). Gyda'ch partner, gweithiwch allan *what you have to tell eich bos. Does* dim rhaid i chi ysgrifennu.

e.e. Chris Jones / hwyr / meddyg > Bydd Chris Jones yn hwyr. Rhaid iddo fe fynd at y meddyg.

Bob Thomas / hwyr / mynd â'r plant i'r ysgol

Ann Williams / hwyr iawn / mynd i'r ysbyty

Siân Morgan / dod yn y p'nawn / gweithio gartre

Jac Roberts / chwarter awr yn hwyr / prynu te a choffi i'r swyddfa.

E. Byddwn ni - (*We will be*)

Byddwn ni'n gweithio

Byddwn ni'n coginio

Byddwn ni'n aros gartre

Bydd Siân yn brysur 'fory:

Bydda i'n mynd i Sbaen am wythnos. Bydd rhaid i mi godi cyn saith o'r gloch a mynd i Heathrow. Bydda i'n cwrdd â ffrindiau yn y maes awyr. Dw i'n edrych ymlaen - dw i ddim yn meddwl bydda i'n gallu cysgu heno.

Mae Siân yn mynd gyda'r gŵr John. *So she should have used the* 'ni' *forms*. Gyda'ch partner, ailysgrifennwch (*rewrite*) y paragraff. Dechreuwch,

Byddwn ni'n brysur 'fory. ____

____

____

____

____

F. Byddan nhw (*They will be*)

Byddan nhw'n gwybod

Byddan nhw yn Sbaen

Bydda nhw wedi blino

Dilynwch yr esiampl / *follow the example:*

Bydd Siân a John yn brysur	Byddan nhw'n brysur
Bydd Sian a John yn mynd i Sbaen	______________________
Bydd Siân a John yn codi am saith	______________________
Bydd Siân a John yn mynd i Heathrow	______________________
Bydd Siân a John yn cwrdd â ffrindiau	______________________

Ff. Gofyn Cwestiwn - Fyddwch chi? / Fyddi di? (*Will you be?*)

	✓	✗
Fyddwch chi yn y tŷ?	Bydda	Na fydda
Fyddi di yn y tŷ?	Bydda	Na fydda
Fydd e yn y tŷ?	Bydd	Na fydd

Gofynnwch i'ch partner *whether they will be doing any of the following* 'fory.
Wedyn, gofynnwch i bartner newydd *about their originl partner.*

	Eich Partner	________________
golchi dillad		
mynd i'r gwaith		
coginio		
edrych ar y teledu		
chwaraen sboncen		
smwddio		
gyrru (*drive*)		
siopa		

Fel arfer (*as usual*), mae Treiglad Meddal gyda chwestiwn:

Bwytoch chi (*You ate*)	>	Fwytoch chi? (*Did you eat*)	Byddwch chi (*You will be*)	>	Fyddwch chi? (*Will you be*?)

G. Negyddol - Fydda i ddim (*I won't be*)

Fydda i ddim yn hir (*I won't be long*)

Ddoe	**Heddiw**	**'Fory**
Do'n i ddim yn brysur	Dw i ddim yn brysur	Fydda i ddim yn brysur

Cwblhewch:

Do'n i ddim	________________	________________
yn hapus	________________	________________

__________________	Dw i ddim yn	__________________
__________________	y gwaith	__________________
Doedd hi ddim	__________________	__________________
yn bwrw glaw	__________________	__________________
__________________	Dyn ni ddim	__________________
__________________	wedi blino	__________________
Do'n nhw ddim	__________________	__________________
yn y swyddfa	__________________	__________________
__________________	__________________	Fydda i ddim
__________________	__________________	yn ddiflas

Fel arfer, mae treiglad meddal gyda
B, D, G, Rh, Ll, M - negyddol.

bwytais i	>	fwytais i ddim
bydda i	>	fydda i ddim

RECAP

1. Dych chi wedi dysgu:

+	?	—
I will be	Will I be?	I won't be
Bydda i Byddi di Bydd hi/e Byddwn ni Byddwch chi Byddan nhw	Fydda i? Fyddi di? Fydd hi/e? Fyddwn ni? Fyddwch chi? Fyddan nhw?	Fydda i ddim Fyddi di ddim Fydd hi/e ddim Fyddwn ni ddim Fyddwch chi ddim Fyddan nhw ddim

2. Geirfa

heno	*tonight*	hapus	*happy*
mae'n flin gyda fi	*I'm sorry*	hir	*long*
maes awyr	*airport*	hwyr	*late*
meddyg	*doctor*	aros	*to stay, to wait*
nodiadau	*notes*	gyrru	*to drive*

UNED DAU DDEG - HELPWCH EICH HUN - GARTRE

1. Ysgrifennu Nodyn

Byddwch chi'n hwyr yn cyrraedd (*arrive*) y dosbarth yr wythnos nesaf (*next week*). Ysgrifennwch nodyn at eich tiwtor yn nodi (*noting*) eich esgus.

____

____

____

____

____

2. Atebwch y cwestiynau:

Ble byddwch chi bore 'fory? ______________________

Ble byddwch chi nos Sadwrn? ______________________

Beth fyddwch chi'n wneud 'fory? ______________________

Beth fyddwch chi'n wneud dydd Sul? ______________________

Fyddwch chi yn y dosbarth yr wythnos nesa? ______________________

Fyddwch chi yn y tŷ nos Sadwrn? ______________________

Fyddwch chi'n aros yn y gwely'n hwyr bore 'fory? ______________________

Fyddwch chi'n edrych ar S4C yr wythnos nesa? ______________________

Arhosoch chi yn y gwely'n hwyr bore ddoe? ______________________

Edrychoch chi ar S4C neithiwr? ______________________

3. **Ysgrifennwch beth fyddwch chi'n wneud y'fory, dydd Sadwrn nesaf a dydd Sul nesaf.**

'Fory ______________________________

____

____

Dydd Sadwrn ______________________________

____

____

Dydd Sul ______________________________

____

____

4. **Trowch y brawddegau i'r negyddol. Make the following sentences negative**

Bydda i'n hir ______________________________

Bydd hi'n wlyb ______________________________

Byddwn ni'n brysur ______________________________

Byddan nhw yn y tŷ ______________________________

Byddwch chi yn y tîm ______________________________

Byddi di wedi blino ______________________________

Bydd e'n chwarae ______________________________

5. **Nodwch bump *useful words / phrases from this* uned.**

un ______________________________

dau ______________________________

tri ______________________________

pedwar ______________________________

pump ______________________________

Notes

Notes

Notes